Jan J. KAŁUŻA   Błażej J. KRUPPIK

W9-DIG-774

ENGLISH FOR YOU
Dynamiczny kurs języka angielskiego

PART 1: DISCOVERY

Home Tutor Publishers
Chicago – Warszawa, 2002

English For You Part I, II, III
ESL audio-course & textbook

Published by
HOME TUTOR PUBLISHERS
4200 N. Central Ave., Chicago, IL 60634
Ph.: 773-777-2223

Project Director:
Kris Sarnecki

Compositor:
IRIS Publishing Services

Cover design:
Roman Postek

Reżyser i realizator nagrania materiałów dźwiękowych:
Janusz Piątkowski

Library of Congress
TXU 556 411
0-52-777010
ISBN 1-885889-05-4

Printed in the United States of America
Wydanie piąte - poprawione i uzupełnione

SPIS TREŚCI

Podane przykłady i „hasła" gramatyczne służą ogólnej orientacji w zawartości poszczególnych lekcji.

ZANIM ZACZNIESZ PYTAĆ...

1. Dlaczego *ENGLISH FOR YOU* jest kursem „dynamicznym"?

– ponieważ w bardzo krótkim czasie i przy minimalnym wysiłku prowadzi do praktycznej komunikacji w języku angielskim;

– ponieważ 150 samodzielnych jednostek lekcyjnych zawartych w trzech częściach *ENGLISH FOR YOU* obejmuje pełny zakres gramatyki angielskiej potrzebnej do praktycznej komunikacji;

– ponieważ każda z lekcji pokazuje istotę i zastosowanie odrębnego zagadnienia, a kolejność lekcji można zmieniać według potrzeb;

– ponieważ uczy przede wszystkim czynnej, a nie biernej znajomości języka, z naciskiem na umiejętność mówienia i rozumienia ze słuchu, a nie na bierne ćwiczenia gramatyczno-słownikowe;

– ponieważ już od pierwszej lekcji zachęca do samodzielnej aktywności językowej poprzez wykorzystanie nowoczesnych metod i technik nauczania;

– ponieważ wykorzystuje i rozbudowuje poprzez stymulujące ćwiczenia wiedzę i „repertuar językowy" uczącego się na każdym poziomie.

2. Jaki jest cel ogólny tego kursu?

Zapewnienie uczącemu się pomocy w szybkiej, łatwej i dynamicznej nauce języka angielskiego oraz praktycznego treningu językowego.

3. Jaki jest układ i cel poszczególnych części kursu *ENGLISH FOR YOU*?

Część I: **DISCOVERY** – to odkrywanie prawideł językowych i radości jaką daje porozumiewanie się w innym języku. Prowadzi do płynnej i poprawnej komunikacji na poziomie podstawowym.

Część II: **EXPANSION** – to przyswajanie coraz skuteczniejszych sposobów porozumiewania się. Rozszerza i buduje „repertuar" językowy do pełnego zakresu konstrukcji gramatycznych.

Część III: **CONQUEST** – to utrwalanie i poszerzanie praktycznej znajomości konstrukcji gramatycznych. Rozbudowuje słownictwo oraz znajomość zwrotów i idiomów angielskich.

4. Dlaczego tak wiele osób nie może się nauczyć języka?

Bo większość z nich korzysta z tradycyjnych kursów i samouczków opartych na przestarzałej, pasywnej metodzie „łacińskiej". (W ten sposób przez lata uczono Polaków obowiązkowo rosyjskiego). Zapał do nauki z reguły kończy się po kilku miesiącach – w tym właśnie czasie, przy pomocy kursu *ENGLISH FOR YOU* możesz już śmiało porozumiewać się prawidłowo w rozmaitych sytuacjach. Nic tak nie dopinguje jak sukces!

5. Mam mało czasu – czy ten kurs jest czasochłonny?

Nie. Aby z niego efektywnie korzystać, wystarczy nawet dziesięć minut skupienia dziennie. Wysłuchanie jednej lekcji trwa około trzech minut. Najpierw staraj się powtarzać przykłady cicho. Przy drugim słuchaniu powtarzaj głośno tak jak słyszysz. Za trzecim razem, otwórz podręcznik i powtarzaj nadal głośno sprawdzając swoje postępy. W sumie zajmie ci to niewiele ponad 9 minut. Podręcznik możesz otworzyć już przy drugim słuchaniu taśmy, zwłaszcza jeśli uważasz się za „wzrokowca". Nic ci nie broni ćwiczyć dłużej, albo przyswajać więcej niż jedną lekcję dziennie. Ale już dziesięciominutowe minimum pozwoli ci skutecznie budować twoją angielszczyznę.

6. Dla kogo jest ten kurs?

Dla każdego... kto zdecyduje się poświęcić dziesięć minut dziennie. *ENGLISH FOR YOU* to kurs UNIWERSALNY, przeznaczony zarówno dla dorosłych jak i młodzieży, o różnym stopniu zaawansowania w nauce – przede wszystkim dla tych, którzy pragną szybko nauczyć się języka angielskiego do sprawnej, codziennej komunikacji.

7. Czy mogę nauczyć się sam?

Tak. *ENGLISH FOR YOU* jest audiokursem -samouczkiem, zaplanowanym przede wszystkim do samodzielnej nauki języka angielskiego, ponieważ zawiera on oryginalne przykłady, proste wyjaśnienia reguł gramatycznych po polsku, ćwiczenia do samodzielnej pracy oraz powtórki materiału, przykładowe sytuacje i sugestie co do ich dalszego wykorzystania. Kurs ten może być także stosowany jako doskonałe uzupełnienie każdego programu szkolnego.

8. Czy kurs ten nauczy mnie reguł gramatyki i wymowy?

Pozornie lekki charakter kursu ma solidne podstawy metodyczno-gramatyczne. Autorzy krótko i niezwykle przystępnie omawiają istotę poszczególnych zagadnień gramatycznych, a przyjęta metoda, system wymowy i sposób dokonania nagrania z udziałem amerykańskich specjalistów służą prawidłowemu przyswojeniu języka.

9. Ile czasu potrzeba, żeby szybko się nauczyć?

25 godzin. Tyle czasu musisz realnie POŚWIĘCIĆ – i odpowiednio go rozłożyć. Twoje minimum, czyli 10 minut dziennie przez pięć miesięcy, to dokładnie 25 godzin. Ale jeśli nie dysponujesz „pamięcią absolutną" – nie idź na rekord. Ucz się w swoim własnym tempie i ćwicz podczas zajęć domowych, w samochodzie, a nawet w pracy. Trzymaj się konsekwetnie wyznaczonego planu nauki – a sukces przyjdzie sam!

10. Czy prawidłowej wymowy można się nauczyć?

W angielskim niezwykle ważny jest RYTM I PŁYNNOŚĆ MÓWIENIA. Nasz system wymowy jest unikalny pod tym względem, że uczy odpowiedniego rytmu i pomaga w płynnej wymowie, doskonale uzupełniając ćwiczenia kasetowe. W ten sposób uczysz się wymawiać całe zdania, a nie pojedyncze wyrazy. Zauważ jednak, że wiele milionów ludzi w USA mówi z obcym akcentem i wcale się tym nie martwi. Na przykład, po mianowaniu Johna Shalikashvili w roku 1993 na Szefa Połączonych Sztabów – czyli na najważniejsze stanowisko w Armii Amerykańskiej – agencja

Associated Press od razu odnotowała jego „miły polski akcent".

11. Jak korzystać z nagrań?

Im częściej, tym lepiej. *ENGLISH FOR YOU* jest kursem kasetowym i zawiera specjalnie dobrane ćwiczenia nagrane przy wykorzystaniu nowoczesnych technik studyjnych. Kaset możesz słuchać najpierw „w skupieniu", a potem ćwiczyć przy wykonywaniu innych czynności, powtarzając i przystosowując materiał językowy do własnych potrzeb. Dobrze jest słuchać przed snem, kiedy jesteś już odprężony a twoja podświadomość jest najbardziej chłonna.

12. Co dalej?

Myśl nie o tym co dalej, ale o tym CO TERAZ! Nie czekaj z mówieniem „aż się nauczysz". Mów NATYCHMIAST!!! Wzbogacaj swój angielski i używaj go od pierwszej lekcji. Nie unikaj lecz wręcz szukaj sytuacji, w których trzeba się odezwać. Na początek niech to będzie jedno krótkie zdanie, a nawet słowo. Kiedy zostaniesz zrozumiany, twój zapał do nauki zwielokrotni się. Korzystaj z anglojęzycznych programów radiowych i telewizyjnych. Zaglądaj do angielskich gazet i czasopism. Czytaj szyldy i napisy na towarach. Gdy jesteś za granicą, zamawiaj telefonicznie pizzę i jedzenie w chińskiej restauracji. Odzywaj się do ekspedientek i pytaj policjantów o drogę. Myśl „po angielsku" w różnych sytuacjach. Mów sam do siebie − na przykład w samochodzie. Jednym słowem − nie bój się być AKTYWNY!

13. Kim są autorzy tego kursu?

Mgr Jan J. Kałuża kontynuuje rodzinną tradycję językoznawczą. Wiedzę teoretyczną w tej dziedzinie zdobywał i pogłębiał na Uniwersytecie Wrocławskim i University of Chicago, a kilkunastoletnią praktykę dydaktyczną zdobywał w Polsce i w U.S.A., ucząc języka na poziomach od podstawowego po akademicki. Jego studia w zakresie scenariusza filmowego i doświadczenia dziennikarskie są nieocenione w pracy nad prezentacją materiału językowego oraz nad scenariuszem nagrań.

Dr Błażej J. Kruppik jest jednym z najwszechstronniejszych anglistów polskich. Swoje doświadczenie anglistyczne zdobywał w UMCS w Lublinie, UJ i London University. W UMCS, Lock Haven University of Pennsylvania, Lebanon Valley College i Northeastern University w Chicago wykładał, m.in. językoznawstwo oraz angielską i amerykańską literaturę, kulturę i historię zarówno polskim jak i amerykańskim studentom. Jego doświadczenie praktyczne i metodyczne w nauczaniu języka jest równie szerokie, co pomaga mu w szczególnie przystępnej prezentacji najbardziej nawet zawiłych problemów językowych.

Mają oni w sumie blisko pół wieku doświadczenia − akademickiego i praktycznego − w nauczaniu języka. We wspólnej pracy nad kolejnymi publikacjami łączy ich przekonanie, że:
− dobry podręcznik powinien opierać się na solidnej wiedzy teoretycznej podanej w sposób maksymalnie przystępny;
− dobry podręcznik powinien zawierać materiały dźwiękowe do systematycznych, łatwych i praktycznych ćwiczeń własnych;

– dobry podręcznik powinien uczyć wykorzystywania nabytych umiejętności do własnych celów praktycznych uczącego się.

PRZECZYTAJ KONIECZNIE!

Co Polak powinien wiedzieć O WYMOWIE?

Angielska wymowa nie będzie taka trudna jak ci się może początkowo wydawać, jeśli uzmysłowisz sobie parę prostych faktów:

– Wymowa angielska bardzo różni się od pisowni. **Wymawiania słów i zwrotów trzeba uczyć się osobno.** Dlatego podajemy wymowę przy tych zdaniach i słowach, których pisownia nie wskazuje bezpośrednio wymowy.

– Sposób wymawiania po polsku i po angielsku różni się; często to, co dla Polaka wydaje się śmieszne, po angielsku brzmi właśnie prawidłowo (na przykład „sepleniący" dźwięk zapisywany **TH**); a zatem – **nie wstydź się mówić prawidłowo po angielsku.** Dlatego też zaznaczamy w wymowie specjalną czcionką te dźwięki, które różnią się w sposób istotny od dźwięków polskich. Aby bardziej „odpolszczyć" swoją angielszczyznę, w nauce wymowy korzystaj z wzorów prezentowanych przez specjalistów amerykańskich na kasetach.

– Angielski jest językiem rytmicznym, a słowa są zwykle krótkie; to znaczy, że **ważna jest płynność i rytm całego zdania.** Dlatego – w przeciwieństwie do innych podręczników – w

14

podawanej wymowie zaznaczamy rytm zdaniowy i łączymy wyrazy.

– Zapis wymowy prezentowany w *ENGLISH FOR YOU* został opracowany specjalnie dla Polaków. Jest on oparty na polskim alfabecie i praktycznie nie wymaga nauki osobnych znaków. Uwzględnia on także specyfikę wymowy polskiej, do której uczący się jest już przyzwyczajony.

– **Każdy** system zapisu wymowy jest tylko umowny. Nasz też. Wymowa na kasetach szybko pomoże ci jeszcze lepiej korzystać z naszego zapisu.

– Zapis nasz wykorzystuje duże i małe litery. Jeśli SYLABY PISANE DUŻYMI LITERAMI WY-POWIESZ MOCNIEJ a małymi – ciszej, to uzyskasz rytm, który pomoże ci prawidłowo i płynnie wymówić całe zdanie. Na przykład, w wyrażeniu: *See you tomorrow.* [SIju tuMOroł] należy **mocniej** wymówić [SI] oraz [MO]. Natomiast [ju], [tu] i [roł] wymów **ciszej** i **niewyraźnie** – tak aby całość brzmiała niemal jak [SIje tMOre]. Tam gdzie możesz, porównaj to z wymową Amerykanów na kasecie.

– Niektóre angielskie wyrazy często mają różną wymowę, zależnie od tego gdzie stoją w zdaniu. Nasz zapis wymowy stara się to uwzględnić. Niech cię zatem nie dziwi, że na przykład słowo HAVE zapisane bywa czasem [HEW], a czasem [HEEW]. Porównaj: *Have I met him before?* [HEW] – *Yes, you have.* [HEEW]

– Język polski nie ma dźwięków zapisywanych po angielsku literami **TH**. Najbardziej podobne polskie dźwięki to [d], [t] lub [s]. Tak mawiają **TH** Polacy, którzy wstydzą się „seplenić" – bowiem prawidłowo wymówione **TH** wymaga wysunięcia języka poza zęby i przypomina właśnie seple-

15

nienie. Łatwo to zauważyć obserwując prawidłową i nieprawidłową wymowę **thank you** – *dziękuję*, **this** – *ten*, **that** – *tamten*. Wyrazy te zapisujemy [*SE ŊKju*] [*ĐYS*] [*ĐET*]. Stosujemy więc litery, do których podobne są angielskie dźwięki, ale pisane po prostu inną czcionką – dla odróżnienia i... dla tych, co nie wstydzą się „prawidłowo seplenić"! Dźwięczne **TH** oznaczamy zatem literami [*Đ*] lub [*đ*], a bezdźwięczne jako [*S*] [*s*] lub [*S*] [*t*].

– Znak [*Ŋ*] lub [*η*] występujący w [*SE ŊKju*], to dźwięk podobny do polskiego „n", występujący w języku polskim w wyrazach „bank", „punkt", „ping-pong", a w angielskim – najczęściej w popularnej końcówce **-ING**.

– W pierwszej części ENGLISH FOR YOU wymowę podajemy częściej niż w dalszych. Staramy się to jednak robić zawsze tam, gdzie przewidujemy trudności uczącego się języka angielskiego.

JEŻELI ZALEŻY CI NA PRECYZYJNEJ I PRAWIDŁOWEJ WYMOWIE, WIĘCEJ SZCZEGÓŁOWYCH UWAG I PRZYKŁADÓW DOTYCZĄCYCH KORZYSTANIA Z NASZEGO ZAPISU WYMOWY ZNAJDZIESZ W OSOBNYM DODATKU NA STRONIE 186.

Unit 1

CZEGO CI POTRZEBA?

Ile spośród potrzebnych ci rzeczy umiesz już nazwać po angielsku? Spróbuj wybrać sobie z tej oto listy, to co ci być może jest w tej chwili najbardziej potrzebne – duże litery w nawiasach staraj się wymawiać nieco głośniej:

a driver's license [eDRAJwers LAJsens] – *prawo jazdy*
a social security number [eSOUszel seKJUryty NAMber] – *numer social security*
a car insurance [eKAR ynSZIUrens] – *ubezpieczenie na samochód*
a new car [eNJU KAR] – *nowy samochód*
a good job [eGUD DŻIOB] – *dobra praca*
a used TV [eJUZD tiWI] – *używany telewizor*
a personal computer [ePERsonel kemPJUter] – *komputer osobisty*

Teraz już wystarczy przed tymi nazwami postawić wyrażenie:

I NEED... [ajNIJD]

które właśnie znaczy *potrzebuję*, i będziesz mógł wyrazić swoje zapotrzebowanie. Na przykład:

Pamiętaj! Dźwięki zapisane dużymi literami należy wymawiać „mocniej" i głośniej.

I need a good job. – *Potrzebuję dobrej pracy.*
I need a personal computer. – *Potrzebuję osobisty komputer.*

Za pomocą I NEED możesz zrobić listę zakupów lub zamówienie, a nawet poprosić o potrzebne ci narzędzia i materiały w pracy czy w sklepie typu „The Home Depot":

I need a drill. [DRYL] – *wiertarkę*
I need a ladder. [LEder] – *drabinę*
I need two gallons of white paint. [TU GElons owŁAJT PEJNT] – *dwa galony białej farby*
I need floor wax. [FLOR ŁEKS] – *pastę do podłogi*

Czy zatem będziesz już wiedział jak odpowiedzieć na pytanie zawarte w tytule tej lekcji?

What do you need? [ŁOTduju NIJD] – *Czego ci potrzeba?*

W różnych sytuacjach może to być:

a knife and a fork [eNAJF endeFORK] – *nóż i widelec*
a warm sweater [eŁORM SŁEter] – *ciepły sweter*
an apartment [enePARTment] – *mieszkanie*
a quarter [eKŁOter] – *25 centów*
a hair dryer [eHERdrajer] – *suszarkę do włosów*
a city map [eSYtymep] – *plan miasta*

A jeśli będziesz potrzebował czyjejś pomocy, także użyjesz I NEED:

I need your help [ajNIJD jorHELP] – *Potrzebuję twojej pomocy.*

Jak sam widzisz, nie jest trudno określić swoje potrzeby! Sztuką jest zrobić to płynnie, rytmicznie i ...z uśmiechem.

Czy papuga uczy się mówić ze słuchu?

Zanim zajrzysz do ćwiczenia, wysłuchaj tej lekcji na kasecie!

SPRÓBUJ SAM:

Zaczynając każdą wypowiedź od **I NEED**, ustal, które z wymienionych rzeczy są ci najbardziej potrzebne.

a used car [eJUZD KAR] – *używany samochód*
two bottles of coke [TU BOtlz ofKOUK] – *dwie butelki coli*
a pound of potatoes [ePAŁND ofpeTEJtous] – *funt ziemniaków*
a new coat [eNJU KOŁT] – *nowy płaszcz*
a screwdriver [eSKRUdrajwer] – *śrubokręt*
a can opener [eKEEN OUpener] – *otwieracz do puszek*
a lighter [eLAJter] – *zapalniczka*
an ashtray [enESZtrej] – *popielniczka*
a strainer [eSTREJner] – *sitko*
a garbage bag [eGARbydź BEEG] – *torba na śmieci*

Zrób teraz to samo z paroma innymi rzeczami potrzebnymi ci w pracy lub w domu.

NOTATKI:

Unit 2

A MOŻE BY TAK POPROSIĆ?

Proszę... – ileż to słowo ma różnych znaczeń po polsku! Używasz go gdy ktoś puka do drzwi, kiedy coś komuś podajesz, kiedy nie usłyszysz co ktoś do ciebie mówi, kiedy odpowiadasz na „dziękuję..." oraz gdy o coś faktycznie prosisz.

Angielskiego **PLEASE** [PLIJZ] używaj wyłącznie w tym ostatnim przypadku: kiedy prosisz o coś. Zobacz sam, jak często ci się ono przyda:

A stamp to Poland, please. [eSTEMP tuPOUlend] – *Znaczek do Polski...*
A small pizza, please. [eSMOL PIca] – *Małą pizzę...*
Marlboro Lights, please. [MARLboro LAJTS, PLIJZ] – *Papierosy Marlboro...*
Two coffees, please. [TUU KOfis] – *Dwie kawy...*

A jeśli nie ma na stole cukru i śmietanki, możesz poprosić:

Sugar and cream, please. [SZIUger enKRIJM]

Słowo **PLEASE,** dodane po nazwie rzeczy, o którą prosisz w sklepie lub restauracji, na pewno przyczyni się do spełnienia twojej prośby. Nie obawiaj się również dodać **PLEASE** kiedy prosisz kogoś do telefonu. Dodajesz wtedy **PLEASE** ZAWSZE PO nazwisku lub imieniu:

The manager, please. [*d*eMEnedżer]
Mrs. Stone, please. [mysyz STOUN]
Mr. White, please. [MYSter ŁAJT, PLIJZ]
Mary, please. [MEEry, PLIJZ]
A spoon, please. [eSPUUN] – *Łyżkę...*
Four tickets, please. [FOR TYkets] – *Cztery bilety...*
A receipt, please. [ereSIJT] – *Pokwitowanie...*
My check, please. [majCZEK] – *Rachunek (w restauracji)...*
More bread, please. [morBRED] – *Więcej chleba...*

A jeśli będąc w U.S.A. zapomniałeś jaki jest numer kierunkowy, np. do Gdańska, to wywołaj swojego zamiejscowego operatora wykręcając „00" i poproś:

The area code to Gdansk, Poland, please. [*d*iEria KOUD tuGDANSK POUlend, PLIJZ]

Usłyszysz zapewne podziękowanie THANK YOU FOR CALLING [*SE ᐧ𝒜*Kju forKOly*η*] – *Dziękuję za telefon.* – a następnie osoba na drugim końcu linii telefonicznej (lub komputer) poda ci wówczas właściwy numer.

SPRÓBUJ SAM:

Dodając na końcu słowo **PLEASE**, poproś o następujące rzeczy:

a double hamburger [eDAbl HEMberger] – *podwójnego hamburgera*
chocolate ice cream [CZOKlet AJSkrijm] – *lody czekoladowe*
transfer [TRENSfer] – *bilet na przesiadkę (w autobusie i kolejce)*
two large cokes [TU LARDŻ KOUKS] – *dwie duże cole*
more coffee [MOR KOfi] – *więcej kawy*
scrambled eggs [SKREMbld EGZ] – *jajecznicę*
mushroom soup [MASZrum SUP] – *zupę grzybową*
size seven [SAJZ SEwn] – *rozmiar siódmy*
extention 22 [eksTENszen TŁENty TU] – *(telefonując) wewnętrzny 22*
floor eleven [FLOOR yLEwn] – *(w windzie) piętro jedenaste*

NOTATKI:

_____

_____

_____

_____

_____

_____

_____

_____

Unit 3

JAK NAPRAWDĘ BYĆ GRZECZNYM?

Dawać polecenia – to potrafi każdy! Także i po angielsku jest to bardzo proste. Wystarczy znać nazwę właściwej czynności i wymienić ją odpowiednim tonem:

Wait! [ŁEJT] – *Czekaj!*
Come in! [kamYN] – *Wejdź!*
Walk! [ŁOK] – *Idź!*
Drink it! [DRYNKyt] – *Wypij to!*

Jeśli chcesz powiedzieć to ostrym tonem, to uważaj do kogo mówisz, ponieważ zabrzmi to jak wojskowy rozkaz. Ale w „cywilu" łatwo zamienić to w grzeczną prośbę. Przede wszystkim, zmieniając ton, a także przy pomocy znanego ci już słowa **PLEASE**, które z nazwą czynności postaw zazwyczaj na końcu:

Wait, please. – albo jeszcze lepiej:
Wait for me, please. [ŁEJT forMI PLIJZ] – *Zaczekaj na mnie, proszę.*

Często usłyszysz również:

Come in, please. – *Proszę wejść.* lub *Wejdź, proszę.*
Sit down, please. [SYT DAUN] – *Usiądź, proszę.*
Do it, please. [DUyt] – *Zrób to, proszę.*
Help me, please. [HELPmi] – *Pomóż mi, proszę.*

Szczególnie liczne są sytuacje, w których prosisz kogoś, żeby ci coś dał **(GIVE ME...)** albo pokazał **(SHOW ME...)**

Give me a can of green paint, please. [GYWmi eKENow GRIJN PEINT PLIJZ] – *Daj mi puszkę zielonej farby, proszę.*
Show me this ring, please. [SZOŁmi *d*ysRY*ŋ* PLIJZ] – *Pokaż mi ten pierścionek, proszę.*

Nie obawiaj się użyć **GIVE ME,** nawet kiedy prosisz o coś, za co płacisz. Na pewno zostaniesz dobrze zrozumiany:

Give me more ketchup, please. [GYWmi MOR KEczap PLIJZ] – *Daj mi więcej keczupu, proszę.*

A nową znajomość możesz zacząć od prośby:

Tell me your name, please. [TELmi jorNEJM PLIJZ] – *Powiedz mi swoje imię, proszę.*

Następnie możesz kontynuować tę znajomość:

Give me your phone number, please. [GYWmi jorFOŁN NAMber] – *Daj mi twój numer telefonu, proszę.*
Show me your new car, please. [SZOŁmi jorNJU KAR PLIJZ] – *Pokaż mi swój nowy samochód, proszę.*

SPRÓBUJ SAM:

POPROŚ grzecznie po angielsku:

1. Zaczekaj na mnie. *(Wait for me...)*
2. Zatrzymaj samochód. *(Stop the car...)*
3. Pomóż mi. *(Help me...)*
4. Sprawdź olej. *(Check the oil...)*
5. Zostaw wiadomość. *(Leave your message..)*
6. Zadzwoń później. *(Call later...)*
7. Idź do domu. *(Go home...)*
8. Przyjdź o piątej. *(Come at five...)*
9. Popatrz na mnie. *(Look at me...)*
10. Posłuchaj mnie. *(Listen to me...)*

W słowniczku „Popularnych czynności", na końcu książki, odszukaj inne słowa, które mogą być dla ciebie przydatne już dzisiaj.

NOTATKI:

Unit 4

IŚĆ ALBO NIE IŚĆ?

Jaki jest najczęściej spotykany zakaz w Ameryce? Zapewne:

DON'T WALK [DOUNT ŁOK] – Nie idź!

Można mu się przyjrzeć na każdym przejściu dla pieszych ze światłami w U.S.A. A warto, bo **DON'T** tworzy także wszelkie inne zakazy. Wystarczy postawić je na początku i dodać nazwę czynności:

Don't stop. [DOUNT STOP] – *Nie zatrzymuj się!*
Don't smoke. [DOUNT SMOŁK] – *Nie pal!*
Don't cry. [DOUNT KRAJ] – *Nie płacz!*

Można zakaz rozbudować, zaczynając go jednak zawsze od **DON'T**...:

Don't wait for me. [dount ŁEJT forMIJ] – *Nie czekaj na mnie!*
Don't take this knife. [dount TEJK *d*ysNAJF] – *Nie bierz tego noża!*
Don't put your shoes here. [dount PUT jorSZUUZ hijr] – *Nie kładź swoich butów tutaj.*

Jeśli wszystkie powyższe zdania powiesz jeszcze raz, dodając słowo **PLEASE** [PLIJZ], czyli *proszę*, to zakazy staną się znacznie łagodniejsze, i czasami zabrzmią nawet jak dobra rada. Np.:

Don't move, please. [dount MUUW] – *Nie ruszaj się, proszę.*

Don't clean the windows, please. [dount KLIJN *d*etYNdołz] – *Nie czyść okien, proszę.*

Dla Polaków ważne jest również to, że liczne w języku polskim formy zakazów mają po angielsku tylko jeden odpowiednik. A więc:

Don't close the door! [dount KLOUZ *d*eDOOR]

może, zależnie od sytuacji, znaczyć:

Nie zamykaj drzwi. Nie zamykajcie drzwi. Niech pan/pani nie zamyka drzwi. Niech państwo nie zamykają drzwi. Nie zamykać drzwi.

Stojąc zatem na przejściu dla pieszych możesz się zastanowić ile różnych polskich odpowiedników ma owo zwykłe **DON'T WALK.**

A jak brzmiałby w codziennej angielszczyźnie pierwszy zakaz na świecie? Pewnie tak:

Don't eat apples from this tree. [DOUNT IJT EEpls from *d*ys TRIJ] – *Nie jedzcie jabłek z tego drzewa.*

___

SPRÓBUJ SAM:

Ułóż kilka zakazów wykorzystując następujące sugestie:

1. Nie mieszaj drinków.
2. Nie przychodź jutro do pracy.
3. Nie bijcie się.
4. Nie idź tam.
5. Nie parkuj tutaj.
6. Nie otwieraj nowej butelki.
7. Nie maluj tamtej ściany.
8. Nie śpij.
9. Nie zamykaj drzwi.
10. Nie kupuj ziemniaków.

...OPEN A NEW BOTTLE ...COME TO WORK
TOMORROW ...BUY POTATOES ...PARK
HERE ...CLOSE THE DOOR ...GO THERE
...SLEEP ...FIGHT ...PAINT THAT WALL
...MIX DRINKS

NOTATKI:

DON'T MIX DRINKS

DON'T COME TO WORK TOMORROW

DON'T FIGHT, DON'T GO THERE

DON'T PARK HERE, DON'T OPEN A NEW BOTTLE

DON'T PAINT THAT WALL, DON'T SLEEP

DON'T CLOSE THE DOOR

DON'T BUY POTATOES

___

Unit 5

RAZEM CZY OSOBNO?

Razem zawsze raźniej – a więc nauczmy się kogoś zachęcić do wspólnego działania:

Let's do it! [lecDUyt] – *Zróbmy to!*

Taką zachętę do wspólnego działania zacznij zawsze od **LET'S**..., a potem wymień, po prostu, nazwę proponowanej czynności:

Let's go! [lecGOŁ] – *Chodźmy!*
Let's start now! [lecSTARTnał] – *Zacznijmy już!*
Let's take a break! [lecTEJK eBREJK] – *Zróbmy przerwę!*
Let's speak English! [lecSPIK YNGlysz] – *Mówmy po angielsku!*

Jako że propozycje tego typu mogą mieć swoje skutki w przyszłości, zastanów się raczej zanim powiesz do kogoś:

Let's open our own business. [lecOUpen aurOUN BYZnes] – *Otwórzmy nasz (swój własny) biznes.*
Let's dance. [DEENS] – *Zatańczmy.*
Let's spend the weekend together. [SPEND *d*ełIJkend tuGE*d*er] – *Spędźmy razem weekend.*
Let's visit your mother. [WYzyt jorMA*d*er] – *Odwiedźmy twoją matkę.*

Let's order a pizza. [ORder ePIca] – *Zamówmy pizzę.*

Let's finish for today. [FYnysz fortuDEJ] – *Skończmy na dzisiaj.*

Let's pay now. [PEJnał]. – *Zapłaćmy teraz.*

Ale jeśli rzeczywiście jesteś pewny, że twoje propozycje wspólnego działania są skierowane do właściwego partnera, możesz je ponowić:

Let's dance again! [eGEN] – *...jeszcze raz!*

Być może czasami się pomylisz, ale i tak czas sam pokaże, czy nie zawiodły cię przeczucia...

Słowniczek „Popularnych nazw czynności" znajdziesz na stronie 170

Zaproponuj znajomej osobie lub osobom wspólne działanie. Na pewno przyda ci się **LET'S**:

1. ...**visit John**. – *(Odwiedźmy Johna)*
2. ...**play the lottery**. – *(Zagrajmy w loterię)*
3. ...**stop for lunch**. – *(Zatrzymajmy się na lancz)*
4. ...**go to Disneyland**. – *(Pojedźmy do Disneylandu)*
5. ...**make some coffee**. – *(Zróbmy trochę kawy)*
6. ...**see this movie**. – *(Zobaczmy ten film)*
7. ...**finish for today**. – *(Skończmy na dzisiaj)*
8. ...**go by bus**. – *(Pojedźmy autobusem)*
9. ...**buy some coke**. – *(Kupmy trochę coli)*
10. ...**do it again**. – *(Zróbmy to jeszcze raz)*

NOTATKI:

Unit 6

CZY MOŻESZ TO PRZELITEROWAĆ?

Pytanie zawarte w tytule – **Can you spell it?** – usłyszysz na każdym kroku. A zatem, niestety, trzeba się alfabetu nauczyć. „To tylko 26 liter" – powiedział nasz znajomy Amerykanin, i miał rację! A ćwiczyć wymowę poszczególnych liter możesz dosłownie wszędzie, szczególnie, że sporo już znasz:

O.K. [OU KEJ]; **BBC** [BI BI SI]; **ID** [AJ DI]; **TV** [TI WI]; **FBI** [EF BI AJ]; **IBM** [AJ BI EM]; **BMW** [Bi EM DABLju]; **CIA** [SI AJ EJ]; **VW** [WI DABLju]; **CD** [SI DI]; **S.O.S.** [ES OU ES]

W tych skrótach, które na pewno nie są ci obce, zawiera się prawie połowa angielskiego alfabetu! Naucz się teraz szybko reszty:

A [EJ]	H [EJCZ]	O [OU]	V [WI]
B [BI]	I [AJ]	P [PI]	W [DABLju]
C [SI]	J [DŻEJ]	Q [KJU]	X [EKS]
D [DI]	K [KEJ]	R [Ar]	Y [ŁAJ]
E [I]	L [EL]	S [ES]	Z [ZI]
F [EF]	M [EM]	T [TI]	
G [DŻI]	N [EN]	U [JU]	

O przeliterowanie twojego nazwiska poprosi cię każdy urzędnik w Stanach Zjednoczonych, zwłaszcza, jeśli się dowie, że nazywasz się *Grzegorz Brzęczyszczykiewicz* i urodziłeś się w *Szczebrzeszynie*. A więc już teraz przygotuj się na pytanie:

Can you spell your last name? [KENju SPEL jorLEEST NEJM] – *Czy możesz przeliterować swoje nazwisko?*

Spróbuj to zrobić pamiętając jednak, że w angielskim nie ma liter *ą, ć, ę, ł, ń, ó, ś, ż, ź,* które musisz po prostu zamienić w swoim nazwisku na *a, c, e, l, n, o, s, z.*

Wpisz teraz, tak jak w ankiecie, swoje dane osobiste i przeliteruj je. Czy potrafisz to zrobić także nie patrząc na kartkę?

LAST NAME: ....
(nazwisko)

FIRST NAME: ....
(imię)

MIDDLE NAME: ....
(drugie imię)

PLACE OF BIRTH: ....
(miejsce urodzenia)

ADDRESS:

STREET: ....
    (ulica)
CITY: ....
    (miejscowość)
COUNTRY: ....
    (kraj)

34

SPRÓBUJ SAM:

Spróbuj sam przeczytać płynnie następujące skróty po angielsku:

UFO, USA, UN, CIA, PC, DJ, VIP, IQ, LA, ESL, JFK, CD.

Jeśli tych wszystkich skrótów nie znasz, skojarzysz je łatwo z następującymi pełnymi nazwami (według pierwszych liter):

CENTRAL INTELLIGENCE AGENCY, COMPACT DISC, DISC JOCKEY, ENGLISH as a SECOND LANGUAGE, INTELLIGENCE QUOTIENT, JOHN FITZGERALD KENNEDY, LOS ANGELES, PERSONAL COMPUTER, UNIDENTIFIED FLYING OBJECT, UNITED NATIONS, UNITED STATES OF AMERICA, VERY IMPORTANT PERSON

oraz z ich polskimi odpowiednikami:

CENTRALNA AGENCJA WYWIADOWCZA, PŁYTA KOMPAKTOWA, PREZENTER DYSKOTEKOWY, ANGIELSKI JAKO DRUGI JĘZYK, ILORAZ INTELIGENCJI, J.F. KENNEDY, LOS ANGELES, KOMPUTER OSOBISTY, NIEZIDENTYFIKOWANY OBIEKT LATAJĄCY, ORGANIZACJA NARODÓW ZJEDNOCZONYCH, STANY ZJEDNOCZONE AMERYKI, BARDZO WAŻNA OSOBISTOŚĆ.

A teraz przeliteruj głośno następne dość popularne skróty i zastanów się jakie litery alfabetu nie zostały tu ani razu użyte:

USA, DJ, FBI, VCR, TV, CIA, CDL, BBC, IQ, OK, YMCA, LA, Ph.D., ESL, CNN.

Już dzisiaj „znokautuj" znajomych swoją angielszczyzną!

Unit 7

MOŻESZ CZY NIE MOŻESZ?

Ucząc się alfabetu poznałeś pytanie:

Can you spell it? [KENju SPELyt] – *Czy możesz to przeliterować?*

Pytanie to zaczyna się od bardzo użytecznego wyrażenia **CAN YOU**, które przyda ci się praktycznie w każdej sytuacji, kiedy chcesz kogoś o coś poprosić lub coś zaproponować. Odpowiada ono polskim *Czy możesz...?*, *Czy możecie...?*, *Czy może pan lub pani...?*, ponieważ jak zapewne już wiesz, **YOU** jest formą bardzo uniwersalną. A zatem:

Can you help me? [HELPmi] – *Czy możesz mi pomóc?*
Can you come at five? [KAMet FAJW] – *...przyjść o piątej?*
Can you wait? [ŁEJT] – *...poczekać?*
Can you show me your car? [SZOŁmi jorKAR] *...pokazać swój samochód?*

W sklepie lub restauracji, a nawet w miejscu pracy, bardzo ci się przyda następujące połączenie: **CAN YOU GIVE ME...?** – *Czy możesz mi dać?* Na przykład:

Can you give me a pound of Polish ham? [KENju GYWmi ePAŁND owPOUlysz HEEM] – *Czy możesz mi dać funt polskiej szynki?*

37

Can you give me a glass of red wine?
[eGLEES owRED ŁAJN] – *...kieliszek czerwonego wina?*
Can you give me a hammer? [HEmer] – *...młotek?*

Oczywiście wiesz już, że każdą prośbę możesz poprzeć grzecznym **PLEASE** dodanym na końcu twojej wypowiedzi:

Can you change 10 dollars, please? [CZEJNDŻ TEN DOlers PLIJZ] – *... rozmienić 10 dolarów, proszę?*
Can you show me this dress, please? [SZOŁmi *d*ysDRES] – *... pokazać mi tę sukienkę, proszę?*
Can you do it for me, please? [DUyt forMI] – *...zrobić to dla mnie?*

(W zbudowaniu innych próśb tego typu pomoże ci słowniczek „Popularnych nazw czynności" na str. 170).

Nawet Einstein po przyjeździe do Ameryki musiał mówić po angielsku.

Jak poprosisz o to po angielsku używając „Can you..."?

1. Czy możesz dać mi swój adres?
2. Czy możesz pokazać mi tamten sweter?
3. Czy możesz naprawić mój samochód?
4. Czy możesz skończyć w piątek?
5. Czy możesz zamknąć okno?
6. Czy możesz mnie odwiedzić jutro?
7. Czy możesz przyjść rano?
8. Czy możesz ugotować polskie jedzenie?
9. Czy możesz posprzątać kuchnię?
10. Czy możesz podlać kwiaty?

...CLOSE THE WINDOW [KLOŁZ *de*ŁYNdoł]
...COME IN THE MORNING [KAM yn*de* MORnyŋ]
...FINISH ON FRIDAY [FYnysz onFRAJdy]
...VISIT ME TOMORROW [WYzytmi tuMOroł]
...FIX MY CAR [FYKS majKAR]
...SHOW ME THAT SWETER [SZOŁmi *de*tSŁEder]
...GIVE ME YOUR ADDRESS [GYWmi joreDRES]
...WATER THE FLOWERS [ŁOter *de*FLAłers]
...COOK POLISH FOOD [KUK POUlysz FUD]
...CLEAN THE KITCHEN [KLIJN*de* KYczen]

Pamiętaj, że w każdym z tych zdań możesz użyć PLEASE – na końcu lub na początku.

Unit 8

CO JA MOGĘ?

Cóż, ty sam najlepiej wiesz, co ci wolno robić. Ale na pewno przyda ci się wyrażenie, które pozwoli ci się upewnić, czy rzeczywiście to możesz zrobić. Na przykład:

Can I park here? [KENaj PARK HIJR] – *Czy mogę tu zaparkować?*

A nawet jeśli dobrze wiesz, że możesz coś zrobić, to za pomocą **CAN I** uda ci się grzecznie poprosić:

Can I have a double hamburger? [KENaj HEwe DAbl HEMberger] – *Czy mogę dostać podwójnego hamburgera?*
Can I have french fries? [FRENCZ FRAJZ] – *Czy mogę dostać frytki?*

Pierwszy głód udało ci się już zaspokoić, więc przy pomocy **CAN I** poproś teraz o coś do picia. Spróbuj sam kupić sobie **a small orange juice** [eSMOL Orendż dżius] – *mały sok pomarańczowy.* A kiedy już najedzony i w dobrym humorze pójdziesz szukać pracy, przydatność **CAN I** okaże się wprost nieoceniona:

Can I start tomorrow? [KENaj START tuMOroł] – *Czy mogę zacząć jutro?*
Can I come over at 7 a.m.? [...kamOUwer et SEwn EJ EM] ...*przyjść o siódmej rano?*

40

Can I smoke here? [SMOŁK hijr] – ... *palić tutaj?*
Can I use your telephone? [JUZjor TElefołn]
...*skorzystać z twojego telefonu?*

Wyrażenie **CAN I** przyda ci się zatem w każdego rodzaju pracy, zwłaszcza w rozmowie z pracodawcą – już po znalezieniu zatrudnienia:

Can I take a day off tomorrow? [TEJK eDEJ OF tuMOroł] – ...*wziąć wolny dzień jutro?*

A jeśli po tym dniu chcesz nadrobić straty finansowe, to możesz zaproponować szefowi:

Can I work overtime today? [KENaj łerk OUwertajm tuDEJ] – *Czy mogę pracować w nadgodzinach dzisiaj?*

Jeśli twój szef jest płci przeciwnej, to możliwe, że znajdziesz się w sytuacji, kiedy będziesz mógł powiedzieć:

Can I dance with you? [KENaj DEENS łydżJU]
– *Czy mogę z tobą zatańczyć?*

Ona lub on sami ocenią czy jest to tylko prośba... czy także atrakcyjna propozycja.

SPRÓBUJ SAM:

Zapytaj o pozwolenie w paru prostych sytua-cjach:

1. Czy mogę przesłać swoje podanie?
2. Czy mogę pokazać ci mój projekt?
3. Czy mogę zamknąć okno?
4. Czy mogę dostać szklankę wody?
5. Czy mogę skończyć przed piątą?
6. Czy mogę to przymierzyć?
7. Czy mogę zostać tutaj?
8. Czy mogę skorzystać z łazienki?
9. Czy mogę zrobić przerwę?
10. Czy mogę zobaczyć cię jutro?

close the window [KLOŁZde ŁYNdoł]
stay here [STEJ HIJR]
see you tomorrow [Slju tuMOroł]
send my application [SENDmaj epliKEJszen]
take a break [TEJke BREJK]
show you my project [SZOŁju majPROdżekt]
have a glass of water [HEwe GLEEsow ŁOder]
use the bathroom [JUZde BESrum]
try it on [TRAJytON]
finish before five [FYnysz biFOR FAJW]

NOTATKI:

CAN I SEND MY APPLICATION
CAN I SHOW YOUR MY PROJECT

Unit 9

CZY TYLKO JA PRACUJĘ?

Kiedy już zostaniesz w Ameryce swoim własnym szefem, na pewno będziesz potrzebował nowych pracowników. Zatem, jeśli ktoś ci poleci do pracy na przykład swojego kolegę z Polski, przydadzą ci się bardzo pytania typu:

Can he paint? [KENhi PEJNT] – *Czy on umie malować?*
Can he drive? [KENhi DRAJW] – *Czy on umie prowadzić samochód?*

Łatwo się domyśleć, że angielskie **HE** to po polsku „on". Ale przecież zamiast tego **HE** możesz w swoje pytania wstawić, na przykład, imię mężczyzny lub chłopca, o którym mowa:

Can Steve fix brakes? [ken STIJW fyks BREJKS] *Czy Stefan umie naprawiać hamulce?*
Can your brother do plumbing work? [KEN jorBRA*d*er du PLAmyη ŁERK] – *Czy twój brat umie robić prace hydrauliczne?*

Pamiętaj też o tym, że nie można dyskryminować przy zatrudnieniu kobiet, które w Stanach Zjednoczonych bardzo często chcą wykonywać prace tradycyjnie przypisane mężczyznom. Kiedy więc ktoś ci będzie polecał do pracy swoją siostrę, możesz zadać podobne pytania, ale przy użyciu **SHE** [szi] – *ona.*

Can she drive a truck? [KENszi DRAJwe TRAK]
– *Czy ona umie prowadzić ciężarówkę?*
Can she operate machines? [Operejt meSZINZ]
– *...obsługiwać maszyny?*

Oczywiście, także i w przypadku kobiety, zamiast **SHE**, możesz wymienić konkretną osobę:

Can Mary cook Polish food? [KUK POUlysz
FUD] – *...gotować polskie jedzenie?*
Can your sister come tomorrow? [KEN
jorSYSter KAM tuMOroł] – *Czy twoja siostra
może przyjść jutro?*
Can Mrs. Haze type? [TAJP] – *...pisać na
maszynie?*

Z tych ostatnich dwóch przykładów widzisz
wyraźnie, że samo **CAN** może przybierać znaczenie *potrafić* lub *móc* co jest zazwyczaj oczywiste w konkretnej sytuacji, na przykład:

Can you play tennis? – *Czy umiesz grać w tenisa?*
Can you play tennis with me tomorrow? – *Czy
możesz zagrać w tenisa ze mną jutro?*

SPRÓBUJ SAM:

Używając **CAN HE** lub **CAN SHE** ułóż parę pytań na temat osób, które znasz. Zastanów się, przed którymi z poniższych przykładów **CAN** znaczyć będzie *może,* a przed którymi *potrafi:*

...**cook?** – *(...gotować?)*
...**dance?** – *(...tańczyć?)*
...**open a bank account?** – *(...otworzyć konto bankowe?)*
...**help me?** – *(...pomóc mi?)*
...**ride a bicycle?** – *(...jeździć na rowerze?)*
...**come again?** – *(...przyjść jeszcze raz?)*
...**type this letter for me?** – *(...przepisać dla mnie na maszynie ten list?)*
...**do it over?** – *(...zrobić to od nowa?)*
...**serve dinner at 5?** – *(...podać obiad o 5?)*
...**teach English?** – *(...uczyć angielskiego?)*

NOTATKI:

CAN SHE COOK?
CAN HE DANCE?
CAN HE OPEN A BANK ACCOUNT?
CAN SHE HELP ME?
CAN HE RIDE A BICYCLE?
CAN SHE COME AGAIN?
CAN HE TYPE THIS LETTER FOR ME?
CAN HE DO IT OVER?
CAN SHE SERVE DINNER AT FIVE?
CAN SHE TEACH ENGLISH?

Unit 10

NIE UMIESZ CZY NIE MOŻESZ?

Pamiętając, że **CAN** znaczyć może zarówno *móc* jak i *umieć,* łatwo jest nauczyć się, na przykład, grzecznie odmówić lub wymówić się od czegoś po angielsku dodając do słowa **CAN** [KEN] przeczenie **NOT** [NOT]. Najlepiej jest używać przy tym skrótu **CAN'T** [KEENT]:

I can't see you tomorrow. [ajKEENT SIju tuMOroł] – *Nie mogę zobaczyć się z tobą jutro.*
I can't come at five. [KAMet FAJW] – *...przyjść o piątej.*
I can't do it for you. [DUyt forJU] – *...zrobić tego dla ciebie.*

Ale **CAN'T** przyda ci się nie tylko do wymów-ki, lecz również po to, żeby stwierdzić, że czegoś nie możesz zrobić:

I can't open the back door. [OUpen *d*eBEEK DOOR] – *...otworzyć tylnych drzwi.*
I can't find my wallet. [FAJND majŁOlet] – *...znaleźć swojego portfela.*
I can't remember his last name. [riMEMber hyz LEEST NEJM] – *...przypomnieć sobie jego nazwiska.*

CAN'T, podobnie jak **CAN,** ma jedną formę dla wszystkich osób, więc używa się go łatwo, na przykład, aby powiedzieć komuś, że czegoś nie może (lub nie umie) zrobić:

You can't leave now. [ju KEENT LIWnał] – *Nie możesz teraz odejść.*
You can't cash your check here. [KESZ jorCZEKhijr] – *...spieniężyć tu swojego czeku.*

Warto także pamiętać, że **I CAN'T** oznacza także *nie umiem*, na przykład:

I can't swim. [aj KEENT SŁYM] – *...pływać.*
I can't play poker. [PLEJ POUker] – *...grać w pokera.*
I can't cook. [KUK] – *...gotować.*

Podobnie jak przy **CAN,** także w przypadku **CAN'T** często dopiero konkretna sytuacja określa, czy **I CAN'T** oznacza *nie umiem,* czy *nie mogę.* Spróbuj to sam ocenić w następujących przykładach – a zwłaszcza w tym ostatnim, będącym jakże popularną wymówką:

I can't help you. [HELPju] – *...pomóc ci.*
I can't answer this question. [ENser *d*ys KŁESczen] – *...odpowiedzieć na to pytanie.*
I can't speak English. [SPIJK Y*97*Glysz] – *...mówić po angielsku.*

SPRÓBUJ SAM:

Powiedz po angielsku uzupełniając formę CAN'T i dobierając odpowiednią osobę. Zastanów się czy będzie to oznaczało „brak możliwości" czy „brak umiejętności" zależnie od sytuacji, a nie od sposobu wypowiedzenia zdania:

1. ...przyjść jutro.
2. ...naprawić twojego samochodu.
3. ...pływać.
4. ...mówić po chińsku.
5. ...dokończyć obiadu.
6. ...znaleźć twojego numeru telefonu.
7. ...grać w koszykówkę.
8. ...pracować na dachu.
9. ...prowadzić ciężarówki.
10. ...czytać po rosyjsku.

Możesz użyć następujących wyrażeń:

COME TOMORROW, DRIVE A TRUCK, FIND YOUR PHONE NUMBER, FINISH MY DINNER, FIX YOUR CAR, PLAY BASKETBALL, READ RUSSIAN, SPEAK CHINESE, SWIM, WORK ON THE ROOF.

NOTATKI:

I CAN'T COME TOMORROW
I CAN'T DRIVE A TRUCK
I CAN'T SWIM, I CAN'T SPEAK CHINESE
I CAN'T FINISH MY DINNER, I CAN'T READ RUSSIAN
I CAN'T DRIVE A TRUCK, I CAN'T WORK ON THE ROOF
I CAN'T PLAY BASKETBALL

Unit 11

JAK JEST FAKTYCZNIE?

Nie wierz we wszystko co ci ktoś powie, bo prawda może być zupełnie inna. Być może nowo poznany znajomy powiedział ci o sobie:

My name is Richard. [maj NEJmyz RYczerd] – *Nazywam się...*
I am from California. [AJem from kelyFORnia] – *Jestem z...*
I am twenty nine. [AJem TŁENty NAJN] – *Mam 29 lat.*
I am an actor. [AJemen EEkter] – *Jestem aktorem.*
I am very rich. [AJem WEry RYCZ] – *Jestem bardzo bogaty.*
My car is a Lincoln. [majKAr yze LY𝒪𝒦keln] – *Mój samochód to...*
It is red. [Ytyz RED] – *Jest czerwony.*
It is new. [Ytyz NJUU] – *Jest nowy.*
My house is very big. [majHAUS yzWEry BYG] *Mój dom jest bardzo duży.*
It is in Beverly Hills. [Ytyz ynBEwerly HYLZ] – *Jest w...*
I am single. [AJem SY 𝒪𝒦gl] – *Jestem nieżonaty.*

Przypuszczasz, że już sporo wiesz o tym człowieku. Tymczasem inny znajomy mówi ci, że prawda jest inna i wygląda trochę bardziej „zwyczajnie":

His name is not Richard. His name is Stanislaw.
He is not from California. He is from Jeziorany.
His is not twenty nine. He is forty four. [FORty FOR]
He is not an actor. He is a mechanic. [myKEnyk]
He is not rich. He is very poor. [PUUR] – biedny
His car is not a Lincoln. His car is a Fiat.
It is not red. It is blue. [BLU] – *niebieski*
His house is not big. It is very small. [SMOOL] – *mały*
It is not in Beverly Hills. It is in Jeziorany.
He is not single. He is married. [MEryd] – *żonaty*

Teraz kiedy znasz prawdę, możesz zadzwonić do owego nowo poznanego człowieka i powiedzieć mu: Nie nazywasz się Richard, ale Stanisław, nie jesteś z Kalifornii, ale... itd. Możesz użyć następujących wyrażeń:

Your name is (not)... [jor NEJMyz NOT]
You are (not)... [JUer NOT]
Your car/house is (not)... [jor KAAR/HAUSyz NOT]
It is (not) ... [Ytyz NOT]

Sam z pewnością zauważyłeś, że cała ta historia nie byłaby możliwa, gdyby nie słowo „być" i jego trzy angielskie formy: **AM, IS, ARE**. Formy te przydadzą ci się jeszcze bardzo, bardzo często.

Powiedz po angielsku:

On nie nazywa się John; on nazywa się Joe. *(His name...)*

On nie jest kelnerem *(a waiter);* on jest kucharzem *(a cook).*

On nie jest wysoki *(tall);* on jest bardzo niski *(very short).*

On nie jest z Francji *(from France);* on jest z Niemiec *(Germany).*

On nie ma 29 lat; on ma 36 lat.

Jego samochód to nie jest Buick; jego samochód to Honda.

Jego samochód nie jest czarny; jego samochód jest zielony.

On nie jest w Chicago; on jest w Warszawie.

On nie jest głupi *(stupid);* on jest bardzo inteligentny *(intelligent).*

Jego żona *(his wife)* nie jest z Krakowa; ona jest z Zakopanego.

A teraz pomyśl, co możesz powiedzieć o sobie i swoich znajomych?

NOTATKI:

_____

_____

_____

_____

_____

_____

Unit 12

JEST CZY NIE JEST?

Dobrze być domyślnym, ale jeszcze lepiej jest mieć pewność. Uzyskasz ją zadając na przykład takie oto pytania:

Are you Mr. Jordan? [ARju MYSter DZIORden] – *Czy Pan jest panem Jordan?*
Are you from Texas? [ARju from TEKses] – *Czy jesteś z Teksasu?*
Are you busy today? [ARju BYzy tuDEJ] – *Czy jesteś dziś zajęty?*

Łatwo zauważyć, że wystarczy rozpocząć pytania od **ARE YOU,** aby wiele się o swym rozmówcy dowiedzieć:

Are you happy? [ARju HEEpy] – *Czy jesteś szczęśliwy(a)?*
Are you alone? [ARju eLOłn] – *Czy jesteś sam(a)?*
Are you ready? [ARju REdy] – *Czy jesteś gotowy(a)?*
Are you twenty eight? [ARju TŁENty EJT] – *Czy masz 28 lat?*

Jakże często słyszy się pytania „plotkarskie", czyli próby uzyskania informacji o kimś innym:

Is he in Canada? [YZhij ynKEEnede] – *Czy on jest w Kanadzie?*

Is she your sister? [YSszi jorSYSter] – *Czy ona jest twoją siostrą?*
Is Michael married? [yz MAJkl MEryd] – *Czy Michael jest żonaty?*
Is Peter a good driver? [yzPIJter eGUD DRAJwer] – *Czy Piotr jest dobrym kierowcą?*

Wygodnie i łatwo jest w podobny sposób dowiedzieć się coś bliższego o przedmiotach:

Is this your car? [yz𝒟YS JOR KAR] – *Czy to twój/Pański samochód?*
Is it new? [Yzyt NJUU] – *Czy to jest nowe?*
Is this wine sweet? [YZ𝑑ys ŁAJN SŁIJT] – *Czy to wino jest słodkie?*

Rozpoczynając pytanie od **IS** lub **ARE**, w odpowiedziach najczęściej oprócz samego **YES**, albo **NO**, usłyszysz dodatkowe informacje. Na przykład, przymierzając bucik, na pytanie:

Is this size seven? [yz𝒟YS SAJZ SEvn] – *Czy to rozmiar siódmy?*

uzyskasz od sprzedawcy nie tylko konkretną odpowiedź **YES** lub **NO**, ale także pomoc w znalezieniu potrzebnego ci rozmiaru, jeśli zajdzie taka potrzeba.

Przetłumacz sobie na angielski:

1. Czy Pan jest kierownikiem? *(the manager)*
2. Czy jesteś Amerykanką? *(American)*
3. Czy twoja siostra jest zamężna? *(married)*
4. Czy jesteś z Kanady? *(from Canada)*
5. Czy Pani jest teraz zajęta? *(busy now)*
6. Czy on (ten sklep) jest zamknięty? *(closed)*
7. Czy to jest przecenione? *(on sale)*
8. Czy ojciec jest w domu? *(at home)*
9. Czy jesteś bardzo głodny? *(very hungry)*
10. Czy to jest złoto? *(gold)*

NOTATKI:

_____

_____

_____

_____

_____

_____

_____

_____

_____

_____

_____

_____

Unit 13

JAK PRZELICZYĆ OSZCZĘDNOŚCI?

Cyfry na banknotach polskich i amerykańskich wyglądają tak samo, ale przelicznik się różni; sto złotych, niestety nie równa się:

ONE HUNDRED DOLLARS
[ŁAN HANdryd DOlers]

Przy tym, przelicznik ten zmienia się niemal każdego dnia. Zatem zanim skorzystasz z usług Western Union, która amerykańskie dolary przesyła do Polski w złotówkach, warto żebyś wiedział, jak podawać większe sumy w języku angielskim:

one hundred [ŁAN HANdryd] = 100
two hundred [TU HANdryd] = 200
three hundred [ＳRIJ HANdryd] = 300

W ten sposób setki możemy łatwo policzyć po angielsku co najmniej do dwóch tysięcy:

four [FOOR] *(4)*, **five** [FAJW] *(5)*, **six** [SYKS] *(6)*, **seven** [SEwn] *(7)*, **eight** [EJT] *(8)*, **nine** [NAJN] *(9)*, **ten** [TEN] *(10)*, **eleven** [yLEwn] *(11)*, **twelve** [TŁELW] *(12)*, **thirteen** [*t*erTIJN] *(13)*, **fourteen** [forTIJN] *(14)*, **fifteen** [fyfTIJN] *(15)*, **sixteen** [syksTIJN] *(16)*, **seventeen** [sewnTIJN] *(17)*, **eighteen** [ejTIJN] *(18)*, **nineteen** [najnTIJN] *(19)*...

Pamiętaj zatem, że po angielsku na przykład, *tysiąc dwieście* to po prostu *dwanaście setek* czyli

TWELVE HUNDRED, a 1500 to **FIFTEEN HUN-DRED**, 1700, to **seventeen hundred**, i tak dalej...

Równie prosto liczy się po angielsku tysiące, miliony, a nawet miliardy z tym, że trzeba pamiętać, że polski *miliard* to amerykański **BILLION**. Tak jak na przykład w tej nieco szokującej liczbie:

12,015,004,000 – **twelve billion, fifteen million, four thousand** [TŁELW BYlien fyfTIJN MYlien FOOR *J*AUzend]

Przy liczeniu tysięcy, milionów, miliardów, tak jak i przy „drobnych" sumach, potrzebne są także dziesiątki:

twenty thousand [TŁENty] – 20,000
thirty million [*J*ERty] – 30 mln
forty billion [FORty] – 40 mld
fifty... [FYFty], **sixty**... [SYKSty], **seventy**... [SEwenty], **eighty**... [EJty], **ninety**... [NAJNty].

Teraz bez trudności możesz obliczyć swoje oszczędności w dolarach, przeliczyć je na złotówki, a nawet... przeliczyć wygraną w loterii stanowej, czego życzymy ci równie serdecznie jak sobie samym.

SPRÓBUJ SAM:

Przeczytaj głośno następujące liczby:

7, 19, 27, 39, 44, 52
158; 782; 1,100; 7,499; 15,839

Spróbuj zapisać cyframi jedną z ostatnich wypłat loterii stanowej w stanie Illinois:

twenty eight million, nine hundred sixteen thousand, seven hundred fifty four dollars

A teraz wykonaj następujące działania czytając głośno po angielsku (bez tłumaczenia na polski) np. Eleven **and** eight **is** nineteen.

2 + 2 =	33 + 44 =
7 + 4 =	46 + 54 =
11 + 8 =	138 + 324 =
27 + 14 =	1,265 + 4,837 =

Napisz kilka własnych działań i odczytaj je głośno po angielsku.

NOTATKI:

Unit 14

GDZIE I KIEDY?

Chyba najlepiej w sobotę, na Milwaukee, o 9 wieczorem. Jeśli to będzie osoba nie znająca pięknej polskiej mowy, trzeba jej powiedzieć:

On Saturday, on Milwaukee, at 9 p.m. [onSEterdej onmilŁOki etNAJN PI EM]

Pamiętaj przy tym, że kiedy chcesz powiedzieć, że coś się odbywa „w" jakiś dzień, zawsze użyjesz **ON**, – a potem podasz nazwę dnia. Może to być konkretna data:

On July the 10th [on dziuLAJ *d*eTEN*S*] *(10. lipca)*

albo, po prostu, dzień tygodnia:

Sunday [SANdej] *niedziela*
Monday [MANdej] *poniedziałek*
Tuesday [TJUZdej] *wtorek*
Wednesday [ŁENZdej] *środa*
Thursday [*S*ERZdej] *czwartek*
Friday [FRAJdej] *piątek*
Saturday [SEterdej] *sobota*

Dzień spotkania można określić także w inny sposób, na przykład:

On your birthday [ONjor BER*S*dej] – *W dniu twoich urodzin.*

Mówiąc o datach możesz dodać do liczby końcówkę -th wymawianą jak „s" z językiem wysuniętym do przodu, które dla wygody zaznaczamy symbolem „$\mathcal{S}$": tenth [TEN$\mathcal{S}$].

On May, 10th [enMEJ TEN$\mathcal{S}$] – *10 maja*
4th of July [FOR$\mathcal{S}$ow DŻUlaj] – *4 lipca*

Wyjątki gdzie tej „porządkowej" końcówki nie dodajemy stanowią „pierwszy", „drugi," „trzeci" i „piąty":

First [FERST] – *pierwszy* (1st)
Second [SEkend] – *drugi* (2nd)
Third [$\mathcal{S}$ERd] – *trzeci* (3rd)
Fifth [FYF$\mathcal{S}$] – *piąty* (5th)

Przy okazji warta zapamiętać, że w pisowni końcówka -th często jest opuszczana, ale i tak ...należy ją wymówić!

Wiesz już zatem **kiedy i gdzie**, a jedynym problemem zostaje: z kim **WITH WHO** [łydHUU].

Daj prawdziwą odpowiedź na pytanie:

What day is today? [łot DEJyz tuDEJ]

Today is THURSDAY

Następnie spróbuj powiedzieć jakiego dnia miesiąca oraz tygodnia urodziłeś się, rozpoczynając swoją wypowiedź od:

I WAS BORN ON... [AJłoz BORN on]

....

A teraz przetłumacz na angielski i wypowiedz płynnie:

1. Czy możesz przyjść we wtorek?
2. Czy mogę odwiedzić cię w niedzielę?
3. Nie rób tego w piątek!
4. Chodźmy do kina w sobotę.
5. Przyjdź 5 maja.
6. Zacznij pracę w poniedziałek.

NOTATKI:

_____

_____

_____

_____

_____

Unit 15

CZY MAM TO ZROBIĆ?

Jakże często chcemy się upewnić, czy np. nasz pracodawca chce, aby coś zrobić akurat w danym momencie, lub dniu pracy. Bardzo prostym wyjściem z sytuacji jest użycie wyrażenia:

SHOULD I...? [SZUDaj]

które odpowiada polskiemu *Czy powinienem...?* lub *Czy mam...?* Teraz wystarczy tylko dodać nazwę czynności, i już po kłopocie:

Should I do the dishes? [SZUDaj DU*d*e DYszyz]
– *Czy mam pozmywać naczynia?*
Should I do the shopping? [DU*d*e SZOpy*η*] –
...zrobić zakupy?
Should I clean the kitchen? [KLIN*d*e KYczyn] –
...posprzątać kuchnię?
Should I cook the dinner? [KUK*d*e DYner] – *... ugotować obiad?*

Najlepiej by było usłyszeć na takie zapytanie odpowiedź **NO**, ale w życiu różnie z tym bywa. Czy zatem potrafisz już się zapytać o swoje obowiązki? Użyj:

vacuum the carpet [WEkjum*d*e KARpet] – *odkurzyć wykładzinę*
make the bed [MEJK*d*e BED] – *pościelić łóżko*
do the laundry [DU*d*e LONdry] – *zrobić pranie*

feed the dog [FIJD*d*e DOG] – *nakarmić psa*

Jeśli pracujesz w większym przedsiębiorstwie, na pewno także bardzo przydadzą ci się pytania typu:

Should I stay longer today? [SZUDaj STEJ LO *𝒩*ger tuDEJ] – *Czy mam dzisiaj zostać dłużej?*
...**work overtime** [ŁERK OUwertajm] – *...pracować w nadgodzinach?*
...**come over at 6 a.m.?** [kamOUwer etSYKS] – *...przyjść o szóstej rano*

Pamiętaj jednak, żeby zbyt wyrażenia **SHOULD I...?** nie nadużywać, bo w przeciwnym razie możesz się bardzo zmęczyć!

62

SPRÓBUJ SAM:

Przetłumacz na angielski:

1. Czy mam zamknąć drzwi na klucz?
2. Czy mam zaparkować tutaj?
3. Czy mam zrobić śniadanie?
4. Czy mam zainwestować wszystkie moje oszczędności?
5. Czy mam się wyprowadzić w tym miesiącu?
6. Czy mam podać obiad o szóstej?
7. Czy mam kupić mleko?
8. Czy mam zrobić pranie?
9. Czy mam zacząć o 7 rano?
10. Czy mam użyć tego proszku do prania?

make breakfast [MEJK BREKfest];
start at seven [STARTet SEven];
lock the door [LOK*d*e DOOR];
buy milk [BAJ MYLK];
use this detergent [JUZ*d*ys dyTERdżent];
move out this month [muwAUT *d*ysMAN*S*];
do the laundry [DU*d*e LONdry];
park here [PARK HIJR];
invest all my savings [ynWEST OLmaj SEJwi*ŋ*z];
serve dinner at six [SERW DYneret SYKS].

Unit 16

GDZIE MAM PRZYJŚĆ?

Jeśli do znanego ci już wyrażenia **SHOULD I?** [SZUdaj] dodasz na początku któreś ze słów pytających typu: **WHAT** [ŁOT] – *Co?*, **WHERE** [ŁER] – *Gdzie?*, **WHEN** [ŁEN] – *Kiedy?* lub **WHY** [ŁAJ] – *Dlaczego?*, to będziesz mógł wypytać się o szczegóły:

What should I do? [ŁOT szudajDU] – *Co mam zrobić?*

What should I do with it? [DU łydyt] – *Co mam z tym zrobić?*

Where should I wait? [ŁERszudaj ŁEJT] – *Gdzie mam czekać?*

Where should I wait tomorrow? [tuMOroł] – *Gdzie mam czekać jutro?*

When should I come? [ŁEN szudajKAM] – *Kiedy mam przyjść?*

Jeśli natomiast masz jakiekolwiek wątpliwości co do sensu wykonywanej pracy, zadaj pytanie:

Why should I do it? [ŁAJ szudajDUyt] – *Dlaczego mam to robić?*

Wprawdzie pracodawcy nie kochają pytań zaczynających się od **WHY**, ale może czasami warto wykazać trochę własnej inicjatywy:

Why should I use my tools? [ŁAJ szudaj JUZ majTUULZ] – *Dlaczego mam używać moich narzędzi?*
Why should I come at 5 a.m.? [KAMet FAJW EJ EM] – *Dlaczego mam przyjść o 5 rano?*
Why should I work for free? [ŁERK forFRIJ] – *Dlaczego mam pracować za darmo?*

Ale jeśli masz już własny biznes, to także nie wahaj się zapytać twojego pracownika niezbyt przykładającego się do pracy:

Why should I pay you for nothing? [ŁAJ szudaj PEJju forNA*S*yη] – *Dlaczego mam ci płacić za nic?*

Cóż, każdy z nas ma jakieś powinności, o których trzeba pamiętać..., najlepiej po angielsku i z użyciem słówka **SHOULD!**

Czy już wszystko jasne?
Is it clear now?

Przetłumacz sobie na angielski:

1. Kiedy mam zacząć? *(start)*
2. Co mam ugotować na obiad? *(cook for dinner)*
3. Gdzie mam to położyć? *(put it)*
4. Dlaczego mam tam iść? *(go there)*
5. Ile mam zapłacić? *(How much... pay)*
6. Kiedy mam wstać? *(get up)*
7. O której godzinie mam skończyć? *(What time... finish)*
8. Jak często mam podlewać kwiatki? *(How often... water the flowers)*
9. Dlaczego mam to robić? *(do it)*
10. Kiedy mam do niego zadzwonić? *(call him)*

NOTATKI:

Unit 17

CZEGO CZYNIĆ NIE NALEŻY?

W porę ostrzeżony bywa bezpieczniejszy, zdrowszy, bogatszy i szczęśliwszy. Tak z pewnością myślą rodzice, lekarze, nauczyciele, szefowie w pracy – wszyscy ci, którzy mówią nam czego robić nie powinniśmy. Jeśli mówią to po angielsku zapewne użyją **SHOULD NOT** [SZUD NOT] – lub raczej skrótu **SHOULDN'T** [SZUdnt]:

You shouldn't eat fried meat. [IJT frajdMIJT] – *Nie powinieneś jeść smażonego mięsa.*
You shouldn't be late for work. [biLEJT forŁERK] – *Nie powinieneś spóźniać się (...być spóźniony) do pracy.*
You shouldn't touch this wire. [juSZUdnt TACZ dys ŁAjer] – *Nie powinieneś dotykać tego drutu.*

Zwykle dajemy rady komuś bezpośrednio, więc **YOU SHOULDN'T** występuje najczęściej. Ale i innym możemy z łatwością coś poradzić, zwłaszcza, że **SHOULDN'T** jest jednakowe dla wszystkich osób:

Your husband shouldn't smoke. [jorHAZbend SZUdnt SMOŁK] – *Twój mąż nie powinien palić.*
He shouldn't watch so much TV. [ŁOCZ sołMACZ tiWI] – *...oglądać tyle telewizji.*
They shouldn't invest so much in new equipment. [ynWEST sołMACZ ynNJU iKŁYPment] *...inwestować tak bardzo w nowy sprzęt.*

She shouldn't change jobs now. [CZEJNDŻ DŻIOBZ NAŁ] – ...*zmieniać teraz pracy.*

Często spotyka się przestrogi ogólne, po polsku zwykle formułowane przy pomocy *Nie należy*, a po angielsku wykorzystujące **YOU** użyte w znaczeniu generalnym:

You shouldn't stop on the highway. [STOP on*d*eHAJłej] – *Nie należy zatrzymywać się na autostradzie.*
You shouldn't water these flowers too often. [ŁOter *d*ijzFLAłers TU Ofen] – *Nie należy podlewać tych kwiatów zbyt często.*
You shouldn't make noise in the park. [mejkNOJZ yn*d*ePARK] – . *Nie należy robić hałasu w parku.*

Niekiedy nawet z sytuacji nie wynika dokładnie czy **YOU SHOULDN'T** znaczy *Nie powinieneś...* czy *Nie należy...*, ale na ogół nie stanowi to większego problemu. Na przykład, czy

YOU SHOULDN'T WORRY [juSZUdnt ŁOry]

przetłumaczysz jako *Nie należy się martwić,* czy jako *Nie powinieneś się martwić,* – i tak wiesz, że rada ta pochodzi od osoby ci życzliwej.

SPRÓBUJ SAM:

Przetłumacz na angielski kilka dobrych rad:

1. Nie powinieneś wychodzić zbyt wcześnie. *(leave too early)*
2. Nie powinieneś tego robić teraz. *(do it now)*
3. Nie powinieneś iść tam jutro. *(go there tomorrow)*
4. Twój brat nie powinien kupować starego samochodu. *(buy an old car)*
5. Twoi rodzice nie powinni pracować tak ciężko. *(work so hard)*
6. Nie powinienem tyle palić. *(smoke so much)*
7. Ona nie powinna zaczynać tej pracy. *(start this work)*
8. On nie powinien mieszkać w mieście. *(live in the city)*
9. Nie powinniśmy sprzedawać domu teraz. *(sell our house now)*
10. Nie powinieneś rzucać szkoły. *(quit school)*

NOTATKI:

Unit 18

A MOŻE LEPIEJ STĄD WIEJMY?

Gdy mówisz „lepiej" nie zawsze oznacza to porównanie. I po polsku i po angielsku może to być także porada, propozycja, czy łagodne polecenie dla kogoś: **YOU'D BETTER** [JUD BEter] – *Lepiej...* Na przykład:

You'd better ask him. [EESKhym] – *Lepiej zapytaj go.*
You'd better stay here. [STEJhijr] – *Lepiej zostań tutaj.*
You'd better go to sleep. [GOŁtu SLIJP] – *...idź spać.*
You'd better hurry. [HAry] – *...pospiesz się.*

Kiedy już wiemy jak jest „lepiej" dla kogoś, to może i sobie potrafimy poradzić:

I'd better go now. [AJD beter GOŁnał] – *Lepiej już pójdę.*
I'd better check it. [AJD beter CZEkyt] – *Lepiej to sprawdzę.*
I'd better change the oil. [AJD beter CZEJNDŻ *d*iOJL] – *Lepiej zmienię olej.*

Wiemy też czasem „lepiej", co mają zrobić osoby postronne:

He'd better come later. [HID beter CAM LEJter] – Lepiej niech on przyjdzie później.

She'd better go by plane. [SZID beter GOŁbaj PLEJN] – *Lepiej niech ona leci samolotem.*
They'd better do it again. [*D*EJD beter DUyt eGEN] – *Lepiej niech oni zrobią to jeszcze raz.*

Zapamiętaj także, że w mowie potocznej praktycznie w ogóle nie słychać „D" i wyrażenie to brzmi jak I BETTER... [AJbeter], YOU BETTER [JUbeter]. Przy tym, jest to wyrażenie stałe, nie używane, na przykład, jako pytanie. (Wyjaśnianie tego, że skrót „D" pochodzi od słowa HAD nie jest nam teraz potrzebne, aby tego wygodnego wyrażenia używać na co dzień, tak jak używa się „lepiej"... po polsku). No i warto wspomnieć, że przy pomocy 'D BETTER można także zaproponować wspólne działanie, dodając WE:

We'd better call them now. [ŁIDbeter KOL*d*em NAŁ] – *Lepiej zadzwońmy do nich teraz.*
We'd better wait. [ŁIDbeter ŁEJT] – *Lepiej poczekajmy.*

Podobno w każdym westernie występuje obowiązkowo zdanie, tłumaczone na polski jako *Lepiej wiejmy stąd!.* W oryginale brzmi ono:

We'd better get out of here. [łidBEter geTAUTow HIJR]
Czy tak jest, *sprawdź lepiej sam:*

You'd better check it out by yourself!

Ułóż 10 zdań zaczynających się od słowa *„Lepiej..."*, dotyczących różnych osób:

1. ...usiądź.
2. ...przestań.
3. ...niech on napisze do niej.
4. ...pomaluj to jeszcze raz.
5. ...pokaż im to.
6. ...pomóż mi.
7. ...przyjdźmy jutro.
8. ...otwórzmy ten list.
9. ...słuchaj mnie.
10. ...pójdę do domu.

COME TOMORROW, GO HOME, HELP ME, LISTEN TO ME, OPEN THIS LETTER, PAINT IT AGAIN, SHOW IT TO THEM, SIT DOWN, STOP, WRITE TO HER.

NOTATKI:

Unit 19

KTÓRA GODZINA?

Nawet zakochani, którzy podobno czasu nie liczą, muszą się wreszcie umówić na własny ślub; dlatego i im się przyda pytanie:

WHAT TIME... [łoTAJM]

czyli polskie *Która godzina...?* lub *O której godzinie...?* „W całości" pytanie o czas najczęściej brzmi:

What time is it? [łoTAJM] – *Która jest godzina?*
lub:
What's the time? [ŁOTS *d*eTAJM]

A odpowiedź na nie jest w czasach zegarków elektronicznych bardzo prosta. Wystarczy podać liczbę godzin i minut, na przykład **5:10,** czyli:

Five ten [FAJW TEN] – *Piąta dziesięć.*

Jeśli już mowa o okresie pomiędzy *północą* – **MIDNIGHT** [MYDnajt] a *południem* **NOON** [NUUN], to można dodać jeszcze do podanego czasu łaciński skrót **A.M.** [EJ EM]. Później, godzinę podajemy z wyrażeniem **P.M.** [PI EM]. Na przykład:

It's four p.m. [yts FOR PI EM] – *Jest czwarta po południu.*

73

Także, niektórzy dodają przy podawaniu peł-
nych godzin wyrażenie **O'CLOCK** [eKLOK], tak
jak w:

It's six o'clock a.m. [yts SYKS eKLOK EJ EM]
– *Jest szósta rano.*

Zwolennicy zegarków analogowych, czyli „z
tarczą", mogą potrzebować słów **TO** [TU] i **AF-
TER** [EFter], żeby powiedzieć ile minut zostało
„do" pełnej godziny, lub ile już jest „po" pełnej
godzinie. Na przykład:

It's ten to one. [yts TEN tuŁAN] – *Jest za
dziesięć pierwsza.*
It's fifteen after four. [yts fyfTIJN EFter FOR]
Jest piętnaście po czwartej.

A połówki godzin określisz przy pomocy:
HALF PAST [HEEF PEST]:

It's half past four. [yts HEEF pest FOR] – *Jest
pół do piątej.*

Zauważ, że po angielsku, inaczej niż po polsku, zawsze pół godziny jest *PO* (a nie „*do*")
pełnej godziny, więc warto o tym pamiętać, żeby
się nie spóźnić na ważne spotkanie aż o godzinę,
lub „nie przyjść o godzinę za wcześnie".

A jak określić, że coś ma nastąpić „o" jakiejś
godzinie? To proste – wystarczy pamiętać o małym słówku **AT**:

Come at 5. [KAM etFAJW] – *Przyjdź o piątej.*

Przetłumacz sobie na angielski:

1. Wstań o szóstej rano. *(Get up)*
2. Podaj obiad o szóstej po południu. *(Serve dinner)*
3. Przyjdź o dziewiątej jutro. *(Come)*
4. Skończmy przed czwartą. *(Let's finish before)*
5. Zróbmy przerwę o trzeciej. *(Let's take a break)*
6. Idź spać przed północą. *(Go to sleep)*
7. Otwórz sklep o pół do dziewiątej. *(Open the store)*
8. Zamknij warsztat o pół do szóstej. *(Close the shop)*

A teraz popatrz na zegarek i odpowiedz na pytanie:
WHAT TIME IS IT?
NOTATKI:

_____

_____

_____

_____

_____

_____

_____

Unit 20

KIEDY ŚLUB?

Najlepiej na *wiosnę* – **IN THE SPRING** [yn*d*e SPRY*9Z*], albo na *Boże Narodzenie* **ON CHRISTMAS** [onKRYSmys], czyli w *grudniu* **IN DECEMBER**.

A zatem na pytanie **WHEN?** – *Kiedy?* możesz odpowiedzieć podając:

godzinę – **at six o'clock p.m.** [etSYKS eKLOK PI EM] – *o szóstej wieczorem*

dzień – **on Monday** [onMANdy] – *w poniedziałek*

miesiąc – **in September** [ynsepTEMber] – *we wrześniu*

a nawet porę roku – **in the fall** [yn*d*e FOL] – *w jesieni*

Dni tygodnia już znasz. Naucz się teraz szybko miesięcy:

Spring: MARCH [MARCZ], **APRIL** [EJpryl], **MAY** [MEJ]
Wiosna: marzec, kwiecień, maj

Summer: JUNE [DŻIUN], **JULY** [dżiuLAJ], **AUGUST** [OOgest]
Lato: czerwiec, lipiec, sierpień

Fall: SEPTEMBER [sepTEMber], **OCTOBER** [okTOUber], **NOVEMBER** [nouWEMber]
Jesień: wrzesień, październik, listopad

Winter: **DECEMBER** [dySEMber], **JANUARY** [DŻIEniuery], **FEBRUARY** [FEbruery]
Zima: grudzień, styczeń, luty

Jeśli teraz chcesz podać datę składającą się z miesiąca i roku, to pamiętaj, że najpierw postawisz **IN** [YN], czyli w:

in May, 1991 [ynMEJ najnTIJN NAJNty ŁAN] – *w maju 1991*

No i oczywiście już zauważyłeś, że rok można podać rozbijając go na dwie liczby. Na przykład rok 1995, będzie się składał z *dziewiętnaście* i *dziewięćdziesiąt pięć.*

nineteen ninety five [najnTIJN NAjNty FAJW]

Może nie znasz jeszcze daty swojego ślubu, ale na pewno potrafisz już odpowiedzieć na pytanie:

When were you born? [ŁEN łerju BORN] – *Kiedy się urodziłeś?*

Przetłumacz na angielski:

1. Nie żeń się w maju! *(...get married...)*
2. Kupmy nowy samochód na zimę. *(Let's buy...)*
3. Czy możesz wrócić na Boże Narodzenie? *(Can you come back...)*
4. Powinieneś pomalować dom na wiosnę. *(You should...)*
5. Czy mam wziąć urlop w sierpniu? *(Should I take a vacation...)*
6. Czy mogę zapłacić w styczniu? *(Can I pay...)*
7. Oddaj mi pieniądze w następnym miesiącu. *(Give me my money back...)*
8. Pobierzmy się na Wielkanoc! *(Easter Day)*

NOTATKI:

_____

_____

_____

_____

_____

_____

_____

_____

Unit 21

ILE TO KOSZTUJE?

Amerykanie mówią: **NO DOUGH, NO GO!**
[nouDOŁ nouGOŁ], czyli *bez ciasta, nie idzie.*
Chodzi oczywiście o PIENIĄDZE, które właśnie
tak niektórzy nazywają. Warto także pamiętać, że:

a dollar [eDOler] to dla niektórych: **a buck** [eBAK]

i na twoje pytanie:

How much is it? [HAŁ MACZ yzyt] – *Ile to kosz-tuje?* możesz właśnie usłyszeć coś takiego jak:

Five bucks [FAJW BAKS] – *Pięć dolarów.*

Także przy okazji rozmowy o pieniądzach zapamiętaj, że:

one cent [ŁAN SENT] nazywa się **a penny**
five cents, to **a nickle** [eNYkl]
ten cents, to **a dime** [eDAJM]
twenty five cents, to **a quarter** [eKŁOter]
banknot **$100** to **a C-note** [eSlnołt]
$1,000 to **a grand** [eGREND]

Nie ma zatem wielkiego nieszczęścia, jeśli
zgubimy **a penny,** ale jest już czego żałować przy
stracie **a hundred bucks** – szczególnie na rzecz
nieuczciwego sprzedawcy.
A jeśli zatem ktoś po twoim pytaniu o cenę

upatrzonego artykułu, wymienił sumę zbyt dużą, możesz mu powiedzieć:

It's too expensive. [yts TUU yksPENsyw] – *To za drogo.*

Ale w przypadku, gdy ty sam czymś handlujesz, nie zapomnij dodać:

It's very cheap. [yts WEry CZIJP] – To bardzo tanio.

Zatem, dobrze się targując, zawsze zròbisz:

A good deal! [eGUD DIJL] – Dobry interes.

Oczywiście najlepszym sposobem pozbycia się kłopotów pieniężnych jest *wygrać w loterię* – **WIN THE LOTTERY.** Wtedy także odpadną ci kłopoty językowe, bo będziesz mógł sobie wynająć tłumacza. Ale póki co – lepiej zapamiętaj powyższe uwagi.

SPRÓBUJ SAM:

Odpowiedz głośno na pytanie: **HOW MUCH IS IT?**

1. **$11**
2. **¢25**
3. **$134.99**
4. **¢5**
5. **$3,500**
6. **$25**

Zapytaj się teraz o cenę tych produktów:

1. ...ta koszula? *(...this shirt)* [*d*ysSZERT]
2. ...te buty? *(...these shoes)* [*d*ijzSZUUZ]
3. ...ten śrubokręt? *(...this screwdriver)* [*d*ysSKRUdrajwer]
4. ...to radio? *(...this stereo)* [*d*ys STIrjo]
5. ...te gwoździe? *(...these nails)* [*d*ijzNEJLZ]

NOTATKI:

_____
_____
_____
_____
_____
_____
_____
_____

Unit 22

CZY MNIE KOCHASZ?

Do you love me? – na to pytanie może za wcześnie na początku znajomości, ale przy pomocy:

DO YOU... [DUju]

można się zapytać o tysiące innych rzeczy dotyczących zwyczajów, upodobań i codziennych zajęć:

Do you smoke? [dujuSMOŁK] – *Czy palisz?*
Do you have a car? [HEwe KAR] – *Czy masz samochód?*
Do you like Polish food? [LAJK POUlysz FUUD] – *Czy lubisz polskie jedzenie?*
Do you work? [ŁERK] – *Czy pracujesz?*
Do you speak Polish? [SPIJK POUlysz] – *Czy mówisz po polsku?*

Pamiętając o tym, że **YOU** jest formą bardzo uniwersalną, która odpowiada polskim *ty, wy, pan, pani, państwo*, itd., pytanie zaczynające się od **DO YOU** możesz zadać naprawdę każdemu. A szczególnie jest ono przydatne przy zawieraniu nowej znajomości:

Do you live in Chicago? [dujuLYwyn sziKAgou] – Czy mieszkasz w Chicago?

Do you like rock music? [...lajk ROK MJUzyk]
– *Czy lubisz muzykę rockową?*
Do you know a good Chinese restaurant?
[...NOŁ eGUD czajNIJZ RESterant] – *Czy znasz
dobrą chińską restaurację?*

Pamiętaj także, że kiedy przyjdzie ci „poplot-
kować" o sąsiedzie lub sąsiadce, to po słowach
HE *„on"* lub **SHE** *„ona"* do nazw czynności trzeba
będzie dodać końcówkę **-S** (czasami **-ES**):

She works for a big company [sziŁERKS
foreBYG KAMpany] – *Ona pracuje dla dużej
kompanii.*
He likes girls [hiLAJKS GERLZ] – *On lubi dziew-
czyny.*

Ale gdy trzeba będzie zadać pytania dotyczące jakiejś „trzeciej" osoby, końcówka **-ES** nie będzie dodawana do nazwy czynności, a tylko do
słówka **DO**:

Does she work for a big company? [DAZszi] –
Czy ona pracuje dla dużej kompanii?
Does he like girls? [DAZhi] – *Czy on lubi dziew-
czyny?*

No ale chyba nie wypada zadawać, na przykład przyszłej mężatce, pytania:

Does he really love you?

– chyba, że jest się troskliwą matką lub ojcem.

SPRÓBUJ SAM:

Przetłumacz na angielski:

1. Czy znasz moją żonę? *(know)*
2. Czy lubisz swoją pracę? *(like)*
3. Czy masz kuchenkę mikrofalową *(a microwave)*
4. Czy odwiedzasz swojego wujka? *(your uncle)*
5. Czy wolisz sok, czy wodę? *(prefer juice or water)*
6. Czy naprawiasz silniki? *(fix engines)*
7. Czy uczysz się codziennie? *(every day)*
8. Czy chcesz więcej kawy? *(more coffee)*
9. Czy płacisz swoje rachunki na czas? *(pay your bills on time)*
10. Czy jadasz chińskie jedzenie? – *(Chinese food)*

NOTATKI:

Do you know my wife

_____

_____

_____

_____

_____

_____

_____

Unit 23

GDZIE MIESZKASZ?

Znane ci już pytania ogólne o zwyczaje, upodobania i powtarzające się czynności takie jak:

Do you go to sleep before midnight? [dujuGOŁ tuSLIJP byFOR MYDnajt] – *Czy chodzisz spać przed północą?*

Można bardzo łatwo „sprecyzować", tylko dodając na początku słowa „pytajne" typu:

WHAT [ŁOT] – *co?*,
WHEN [ŁEN] – *kiedy?*,
WHERE [ŁER] – *gdzie?*,
WHY [ŁAJ] – *dlaczego?*,
HOW OFTEN [hał Ofyn] – *jak często?*

Why do you go to sleep before midnight? [ŁAJ dujuGOŁ tuSLIJP byFOR MYDnajt] – *Dlaczego chodzisz spać przed północą?*
When do you get up? [ŁEN duju getAP] – *Kiedy wstajesz?*
Where do you eat breakfast? [ŁER dujuIJT BREKfest] – *Gdzie jadasz śniadanie?*
How often do you visit your parents? [hałOfyn dujuWYzyt jorPErents] – *Jak często odwiedzasz swoich rodziców?*

Przy wypytywaniu o szczegóły, bardzo się może również przydać **WHAT TIME** [ŁOT TAJM] – *o której godzinie?*:

What time do you start work? [START ŁERK]
...zaczynasz pracę?
What time do you come back home? [KAMbek
HOŁM] – *...wracasz do domu?*
What time do you have lunch? [hew LANCZ] –
... masz lunch?
What time do you bring your children home?
[BRYℐ jorCZYLdren HOŁM] – *...przyprowa-
dzasz swoje dzieci do domu?*

Jak widać „poznawanie" zwyczajów innych
osób jest w angielskim bardzo łatwe. A jeśli się
przez chwilę zastanowisz, to sam dojdziesz do
wniosku, że przecież tego typu pytania zadaje się
właśnie najczęściej, i to nie tylko po angielsku.

Dotyczy to także zwyczajów osób „trzecich":

Where does she work? [ŁER dasszi ŁERK] –
Gdzie ona pracuje?
What time does he get up? [ŁOT TAJM dazhi
getAP] – *O której godzinie on wstaje?*
Why does Mary live there? [ŁAJ dazMEry
LYWₐer] – *Dlaczego Maria tam mieszka?*
How often does Ricky wash his car? [hałOfyn
dazRYki ŁOSZ hyzKAR] – *Jak często Ricky
myje swój samochód?*

Przetłumacz na angielski pytania, które bardzo ci się przydadzą i przy zawieraniu nowej znajomości, i ...do lepszego poznania starych znajomych:

1. O której jesz obiad?
2. Gdzie pracujesz?
3. Dlaczego mieszkasz w Nowym Jorku?
4. Co robisz w weekendy? *(on weekends)*
5. Gdzie spędzasz wakacje? *(spend vacation)*
6. Jak często jadasz w restauracji?
7. Jaki masz samochód?
8. O której godzinie wracasz do domu?
9. Dlaczego tam pracujesz? *(work there)*
10. Co wiesz o Polsce? *(know about Poland)*

Te same pytania zadaj teraz tak, aby dotyczyły znajomego lub znajomej, którzy akurat są nieobecni.

NOTATKI:

_____

_____

_____

_____

_____

_____

_____

_____

Unit 24

CZEGO NIE ROBISZ?

...albo czego *nie lubisz, nie chcesz, nie wiesz,* lub kogo *nie pamiętasz,* itd. Wszystkie takie wypowiedzi zaczniesz od:

I DON'T... [aj DOUNT]

A potem, tylko wystarczy dodać nazwę czynności:

I don't smoke. [SMOŁK] – *Nie palę.*
I don't live here. [LYW hijr] – *Nie mieszkam tutaj.*
I don't work on Sundays. [ŁERKon SANdejz] – *Nie pracuję w niedziele.*
I don't drink coffee. [DRY𝒟ℤK KOfi] – *Nie pijam kawy.*
I don't need a new car. [NIJD eNJUU KAR] – *Nie potrzebuję nowego samochodu.*

Właśnie to ostatnie słowo **NEED** niezwykle się przydaje w połączeniu z **DON'T**, kiedy chcemy się pozbyć osoby, która nam natarczywie coś proponuje. Także, w tego typu sytuacjach, wprost nieocenione okazują się słowa **WANT** – *chcieć,* i **LIKE** – *podobać się, lubić:*

I don't want it! [ŁONTyt] – *Nie chcę tego!*
I don't want another drink. [ŁONT eNA*d*er DRY𝒟ℤK] – *Nie chcę następnego drinka.*

I don't like it. [LAJkyt] – *Nie podoba mi się to.*
I don't like this music. [LAJK *d*ysMJUzyk] – *Nie lubię tej muzyki.*

A jeśli nie pamiętasz czegoś lub kogoś, możesz na przykład powiedzieć:

I don't remember it. [riMEMberyt] – *Nie pamiętam tego.*

Natomiast w przypadku, gdy czegoś nie wiesz, zawsze użyjesz:

I don't know. [NOŁ] – *Nie wiem.*

Ale chyba już przestałeś mówić: **I don't speak English**, prawda?

Natomiast jeśli jakaś „trzecia" osoba czegoś *nie robi, nie umie, nie lubi, nie pamięta,* itd., to do poinformowania o tym innych zawsze przyda ci się **DOES NOT**, czyli w skrócie **DOESN'T**:

He doesn't speak Polish. [hiDAznt SPIJK POUlysz] – *On nie mówi po polsku.*
She doesn't work here. [sziDAznt ŁERK hijr] – *Ona tutaj nie pracuje.*
My brother doesn't live in Chicago. [majBRA*d*er DAznt LYW ynsziKAgou] – *Mój brat nie mieszka w Chicago.*

Przetłumacz na angielski:

1. Nie potrzebuję twoich pieniędzy! *(your money)*
2. Nie chcę jego pomocy! *(his help)*
3. Nie lubię chińskiej herbaty. *(Chinese tea)*
5. Nie pamiętam jej telefonu. *(her phone number)*
5. Nie znam go. *(know him)*
6. Nie słucham polskich programów radiowych. *(listen to Polish radio programs)*
7. Nie czytam amerykańskich gazet. *(American papers)*
8. Nie pracuję dla niego. *(for him)*
9. Nie widuję jej zbyt często. *(see her very often)*
10. Nie robię tam zakupów. *(shop there)*

NOTATKI:

Unit 25

JEST CZY SĄ?

Tak jak w języku polskim – jedna rzecz *jest*, a dwie i więcej *są*. Po angielsku to odpowiednio **is** i **are**. A zatem:

My wife is nice. [majŁAJF yzNAJS] – *Moja żona jest miła.*
My friends are nice. [majFRENDZ arNAJS] – *Moi przyjaciele są mili.*

Pamiętaj przy tym, że do rzeczy pojawiających się w większych ilościach, niż „jeden" prawie zawsze dodasz końcówkę **-s**:

books [BUKS] – *książki*, **cars** [KARz] – *samochody*, **cigarettes** [SYgeRETS] – *papierosy*, **bottles** [BOtlz] – *butelki*, **neighbors** [NEJberz] – *sąsiedzi*, itd.

Dosłownie w kilku tylko przypadkach liczba mnoga występuje bez końcówki **-s**:

child [CZAjld] – **children** [CZYLdren]
dziecko – dzieci

woman [ŁUmen] – **women** [ŁYmyn]
kobieta – kobiety

foot [FUT] – **feet** [FIJT]
stopa – stopy

tooth [TU*S*] – **teeth** [TIJ*S*]
ząb – zęby

Zdarza się także, że to co po polsku jest zwyczajowo zawsze w liczbie pojedynczej, po angielsku występuje w liczbie mnogiej.

Po polsku: *Drzwi SĄ zamknięte na klucz,* a po angielsku: **The door is locked.**

Po polsku: *Nasze pieniądze są w sejfie,* a po angielsku: **Our money is in the safe** (tak jak: *Nasza forsa JEST...)*

Po polsku: *Amerykańska policja jest miła,* ale po angielsku **The American police are nice** [*d*ieMErykan peLIJS arNAJS] (bo chodzi przecież o „funkcjonariuszy", którzy są mili, a nie o instytucję, która ...nie zawsze JEST miła).

Po polsku: *Moje meble są stare,* a po angielsku: **My furniture is old** [majFERniczer yzOULD] (czyli jakby: *...umeblowanie jest...)*

Pamiętaj także, że w pisowni często jest zmiana typu:

shelf – shelves
leaf – leaves

Uzupełnij następujące zdania wstawiając **IS** lub **ARE**.

1. The kids... in the yard.
2. Butter... in the refrigerator.
3. The furniture... new.
4. His teeth... white.
5. My wife... in Poland.
6. My feet... small.
7. These shoes... SIZE 6.
8. Money... time.

NOTATKI:

_____

_____

_____

_____

_____

_____

_____

_____

_____

_____

_____

_____

Unit 26

JAK SIĘ MASZ?

Zwykłe *dzień dobry* lub *cześć* na przywitanie, z reguły w Stanach Zjednoczonych nie wystarcza. Trzeba jeszcze dodać, na przykład: *Jak się masz?*

How are you? [hałARju]

Niektórzy mówią zamiast tego:

How are you doing? [HAŁarju DUyη] – *Jak leci?*,

lub, po prostu

Nice to see you! [NAJStu SIju] – *Miło cię spotkać.*

Tak czy owak, przywitanie po angielsku składa się najczęściej z takiej oto „rozmowy":

– **Hi, how are you today?** [HAJ, hałARju tuDEJ]
– **Good. And you?** [GUD endJU]
– **Okay. Thanks.** [oKEJ *SE NC*ks]

– *Cześć, jak się masz dzisiaj?*
– *Dobrze. A ty?*
– *W porządku. Dziękuję.*

Oczywiście, zamiast **HI**, możesz równie często usłyszeć inne formy przywitania: **HELLO**, (które brzmi mniej bezpośrednio niż **HI**), lub, zależnie od pory dnia: **GOOD MORNING, GOOD AF-TERNOON, GOOD EVENING**. Niezmiennie jednak zawsze wypada zapytać drugą osobę, jak się ona ma lub co u niej nowego:

What's new? [łotsNJUU], ewentualnie: **What's up?** [łotsAP]

Prawdopodobnie usłyszysz wtedy na to pytanie odpowiedź typu:

Not much [notMACZ] – *niewiele*, albo: **Nothing.** [NA𝒮yη] – *nic*

Nie zapomnij również przy przywitaniu się ze starszymi osobami dodać **Mr.** [MYSter], lub **Mrs.** [MYsyz] – jeśli mówisz do zamężnej kobiety. Pamiętaj przy tym, że **Mr.** i **Mrs.** używa się z nazwiskiem, a nie z samym imieniem.

How are you, Mr. White? [hałARju myster ŁAJT]
What's new, Mrs. Black? [łotsNJUU mysyz BLEEK]

Ileż serdecznych znajomości i przyjaźni zaczęło się od zwykłego miłego przywitania!

SPRÓBUJ SAM:

Przetłumacz na angielski i wypowiedz głośno odpowiednim tonem:

– *Jak się masz?*
– *Dobrze, a ty?*
– *W porządku, dziękuję.*

– *Dzień dobry, panie Brown. Jak się pan ma?*

– *Dobry wieczór. Co nowego?*
– *Niewiele.*

– *Cześć wszystkim!*

– *Miło cię spotkać.*

– *Jak leci?*

NOTATKI:

_____

_____

_____

_____

_____

_____

_____

_____

_____

Unit 27

JAK POWIEDZIEĆ „DO WIDZENIA"?

Odpowiedź na pytanie zawarte w tytule tej lekcji jest chyba ci znana od dawna przy pomocy słowa **goodbye**, a nawet samego **bye**. Cała sztuka jednak polega na tym, i nie tylko w języku angielskim, jak dać naszemu rozmówcy do zrozumienia, że powinien już sobie pójść, albo że my sami mamy już ochotę zakończyć spotkanie. Można to zrobić dyplomatycznie:

I'm afraid I have to be going [ajmeFREJD ajHEWtu biGOŁyη] – *Obawiam się, że muszę już iść,* lub:

I've got to get up early tomorrow [ajwGOTtu getap ERly tuMOroł] – *Muszę wstać wcześnie jutro,* albo:

Well, it's getting late [ŁEL ytsGEtyη LEJT] – *Cóż, robi się późno,* albo:

I have an early morning tomorrow. [AJhew enERly MORnyη tuMOroł] – *Jutro wcześnie zaczynam.*

Można także wstać, podać rękę i powiedzieć:

It's been a pleasure [YTSbyn ePLEżer] – *Było przyjemnie,* albo:

97

It was nice to see you. Thanks for coming.
[ytłoz NAJS tuSlju *SE OZ*KS forKAmyŋ] – *Było miło cię zobaczyć. Dziękuję za przyjście.*

I dopiero teraz przychodzi moment, aby rzeczywiście powiedzieć *do widzenia* lub *dobranoc* – **Good-bye; Good night**. Ale niektórzy zamiast tego użyją:

Until the next time. [anTYL *d*eNEKS TAJM] – *Do następnego razu.*
Take it easy. [TEJkyt lJzy] – *Nie przejmuj się.*
Take care. [TEJK KER] – *Uważaj na siebie.*
See you later. [SIju LEJter] – *Do zobaczenia potem.*
Have a nice weekend. [HEW eNAJS ŁIJkend] *Miłego weekendu.*

A wtedy twój gospodarz – także z ulgą wzdychając – może ci odpowiedzieć:

Thank you for coming! – *Dziękuję za wizytę!*

SPRÓBUJ SAM:

Wyobraź sobie, że twój amerykański szef zaprosił cię na **barbecue** i spotkałeś tam jego rodzinę oraz znajomych. Ponieważ musisz już wyjść, zastanów się, jak się pożegnasz z żoną szefa, jego dziećmi, osobami, które dopiero poznałeś i tymi, które już znasz. No, a na koniec musisz podziękować szefowi za zaproszenie i powiedzieć, że było ci miło. Chyba już wiesz, że samo „bye, bye" nie wystarczy?

Może ci się przydać na przykład:

- *I'm afraid I have to be going.*
- *It was nice to see you.*
- *I've got to get up early tomorrow.*
- *See you later.*
- *Take care.*
- *Well, it's getting late.*

NOTATKI:

Unit 28

CO JEST CZYJE?

Przede wszystkim, od razu się naucz, że w języku angielskim nie ma słowa „swój", tak jak w polskim. Zamiast *Myję SWÓJ samochód w każdą niedzielę* trzeba powiedzieć:

I wash MY car every Sunday.
[ajŁOSZ majKAR EWry SANdej]

– co dokładnie znaczy *Ja myję MÓJ samochód w każdą niedzielę.* Podobnie powiesz:

Pilnuj SWOJEGO interesu.
Mind YOUR business.
[MAJND jorBYZnes]

Mam SWOJE własne narzędzia.
I have MY own tools.
[AJhew majOUN TUULZ]

Widać z tego, że nie można „wykręcić się" słowem SWÓJ, lecz za każdym razem należy określić przynależność, czyli do kogo coś należy. Jeśli na przykład jest święto i każdy jest w „swoim" domu, powiesz:

I am in MY house. [AJem ynmajHAUS] – *Jestem w moim domu.*
You are in YOUR house. [jor] – *Jesteś w twoim...*
(lub: *Wy jesteście w waszym...*]

100

He is in HIS house. [hyz] – *On jest w jego...*
She is in HER house. [her] – *Ona jest w jej...*
We are in OUR house. [aur] – *Jesteśmy w naszym...*
They are in THEIR house. [*d*er] – *Oni są w ich...*

A co będzie jeśli zamiast powiedzieć **He is in his house** – stwierdzisz:

He is in her house.

Nic. Po prostu *on jest w JEJ domu.* A jeśli ona z kolei jego odwiedzi – powiesz:

She is in his house.

Ale przecież ciągle nadal wiadomo, co do kogo należy nawet, jeśli dyskrecja nie pozwala ci powiedzieć KTO jest w CZYIM domu!

My business is your business:
it' our business.

SPRÓBUJ SAM:

Przetłumacz na angielski słowa w nawiasach i wypowiedz głośno całe zdanie:

1. I like ... dress. *(twoją)*
2. ... car is a Cadillac. *(mój)*
3. They live in ... house. *(naszym)*
4. ... wife is pretty. *(jego)*
5. ... children are intelligent. *(ich)*
6. They are in ... car. *(swoim)*
7. ... teacher is Polish. *(jej)*
8. ... car is in ... garage. *(jego / naszym)*
9. Is ... husband in ... office?
   (jej / jego = swoim)
10. Are ... children in ... house? *(moje / waszym)*

NOTATKI:

_____

_____

_____

_____

_____

_____

_____

_____

_____

_____

Unit 29

CO SIĘ DZIEJE?

Co się WŁAŚNIE W TEJ CHWILI dzieje? Wyobraź sobie, że właśnie jesteś w warsztacie samochodowym:

John is changing the oil. [DZION yzCZEJNdży*η* *d*iOJL] − *John zmienia olej.*
Tom is fixing the brakes. [TOM yzFYKsy*η* *d*eBREJKS] − *Tom naprawia hamulce.*
Mark is checking the battery. [MARK yzCZEky*η* *d*eBEtry] − *Mark sprawdza akumulator.*
The supervisor is talking on the phone. [*d*eSUperwajzer yzTOky*η* on*d*eFOŁN] − *Kierownik rozmawia przez telefon.*

Sam widzisz, że:

(1) poznane już słówko **IS** nic tutaj nie znaczy;

(2) znane ci z nazwy czynności **CHANGE, FIX, CHECK, TALK** używasz wraz z końcówką **-ING**, która sama też nic nie znaczy;

(3) cała kombinacja **IS... -ING** jest sygnałem, że czynność odbywa się w tej chwili, a więc wcale nawet nie musisz (choć możesz) dodawać słowa **NOW** [NAŁ] − *teraz:*

My wife is working (now). [maj ŁAJF yzŁERky*η* nał] − *Moja żona teraz pracuje.*

103

Tak samo możesz powiedzieć o sobie, kiedy w trakcie jakiejś czynności ktoś do ciebie zadzwoni i zapyta ciebie, co robisz:

I am studying English. [Ajem STAdyiη YNGlysz]
– *Uczę się języka angielskiego.*
I am taking a shower. [Ajem TEJkyη eSZAłer] –
Biorę prysznic.
I am having dinner. [Ajem HEwyη DYner] – *Mam obiad.*
I am writing a letter to my sister. [Ajem RAJtyη eLEter tumaj SYSter] – *Piszę list do siostry.*

Teraz wiesz chyba jak odpowiedzieć na pytanie zawarte w tytule:

What is happening? [ŁOTyz HEEpenyη]

SPRÓBUJ SAM:

Przetłumacz na angielski opowiadając komuś co się w tej chwili dzieje wokół ciebie:

Uczę się angielskiego. *(study English)*
Siedzę w kuchni. *(sit in the kitchen)*
Palę papierosa. *(smoke a cigarette)*
Moja żona robi kawę. *(make coffee)*
Ona słucha radia. *(listen to the radio)*
Moja córka odrabia lekcje. *(do homework)*
Mój syn śpi. *(sleep)*
Nasz sąsiad ogląda telewizję. *(watch TV)*
Jego żona gotuje obiad. *(cook dinner)*
Ich pies szczeka. *(bark)*

Pamiętaj, że w KAŻDYM z powyższych zdań przed nazwą czynności postawisz **AM** lub **ARE** lub **IS** a do samej nazwy czynności dodasz końcówkę **-ING**.

NOTATKI:

Unit 30

GDZIE IDZIESZ?

Niestety, na to pytanie zawarte w tytule, odpowiedź najczęściej brzmi: *Do pracy.* Po angielsku pytanie to przybrałoby następującą postać:

Where are you going? [ŁERarju GOły*η*]

Wiesz już, że mowa jest o czynności wykonywanej w tej właśnie chwili i dlatego do jej nazwy zawsze dodajesz końcówkę -**ING**. Najczęściej pytasz się kogoś bezpośrednio, więc najbardziej przydatne pytania zawierać będą **ARE YOU**:

What are you doing? [ŁOTarju DUy*η*] – *Co robisz?*

What are you reading? [ŁOTarju RIJdy*η*] – *Co czytasz?*

What are you eating? [ŁOTarju IJty*η*] – *Co jesz?*

What are you cooking? [ŁOTarju KUky*η*] – *Co gotujesz?*

Where are you putting it? [ŁERarju PUty*η* yt] – *Gdzie to kładziesz?*

Where are you moving? [ŁERarju MUwy*η*] – *Gdzie się przeprowadzasz?*

Jeśli zaś będziesz się chciał dowiedzieć co się akurat teraz dzieje z innymi osobami, w swoich pytaniach użyjesz **IS HE, IS SHE, ARE THEY**:

Why is she crying? [ŁAJyzszi KRAji*η*] – *Dlaczego ona płacze?*

What is he buying? [ŁOTyzhi BAjiŋ] – *Co on kupuje?*

When are they coming? [ŁENar*d*ej KAmyŋ] – *Kiedy oni przychodzą?*

Nie zapomnij także, że w języku angielskim nie ma słowa odpowiadającego polskiemu „czy?" i jeśli chcesz się kogoś zapytać, na przykład: *Czy już wychodzisz?*, wystarczy powiedzieć:

Are you leaving now? [ARju LIJwyŋ NAŁ]

Podobnie:

Is he working now? – *Czy on pracuje teraz?*

Is she moving to California? – *Czy ona przeprowadza się do Kalifornii?*

Are they waiting for us? – *Czy oni na nas czekają?*

Szybko się przekonasz, że takie „przestawienie" jest bardzo wygodne i łatwe w użyciu!

Przetłumacz na angielski:

1. Co gotujesz? *(cook)*
2. Dlaczego wychodzisz? *(leave)*
3. Kiedy wracasz? *(come back)*
4. Gdzie się przeprowadzasz? *(move)*
5. Czy czekasz na szefa? *(wait for the boss)*
6. Co on czyta? *(read)*
7. Co ona robi teraz? *(do)*
8. Dlaczego ona się uśmiecha? *(smile)*
9. Dlaczego oni krzyczą? *(shout)*
10. Gdzie ona idzie? *(go)*

NOTATKI:

_____

_____

_____

_____

_____

_____

_____

_____

_____

_____

_____

_____

Unit 31

ALE JAK TAM DOTRZEĆ?

Kiedy trzeba zapytać o drogę – warto zawczasu wiedzieć nie tylko jak zadać pytanie, ale i jakich typowych wyrażeń można się spodziewać w odpowiedzi. Wtedy, nawet jeśli nie rozumiesz odpowiedzi w stu procentach, to jednak w połączeniu z gestem domyślisz się łatwo o co chodzi. Przeważnie usłyszysz na początku **GO** [GOŁ] (*idź* lub *jedź*) w połączeniu z kierunkiem i odległością. Na przykład na pytanie:

Do you know how to get to the train station? [dujuNOŁ hałtuGET tu*d*eTREJN STEJszyn] – *Czy wiesz (wie pan/i) jak dojść/dojechać do stacji kolejki?*
How do I get to Central Park? [HAŁduajget tuSENtralPARK] – *Jak dostanę się do Central Park?*

możesz usłyszeć jedną z następujących odpowiedzi:

Go straight ahead about two miles. [GOŁ STREJT eHED eBAUT TU MAJLZ] – *Jedź prosto około dwie mile.*
Go down this street two blocks and turn it left. [GOŁdaun *d*ysSTRIJT eBAUT TU BLOKS end TERN LEFT] – *Jedź (w dół) tą ulicą dwa „bloki" i skręć w lewo.*

Go up the street to the first traffic light and make it right. [gołAP *de*STRIJT tu*d*e FERST TREEfik LAJT endMEJkyt RAJT] – *Jedź (w górę) ulicą do pierwszych świateł i skręć w prawo.*
Take the Belmont Avenue bus and get off at Milwaukee. [TEJK *d*e BELmont Ewenju BAS endGETOF etmylŁOki] – *„Weź" autobus jeż- dżący po Belmont Avenue i wysiądź przy Mil- waukee.*

Czasami szukany obiekt może być dosłownie *za rogiem:*

Around the corner. [eRAUND *d*eKORner], *po prawej* on your right lub *lewej stronie* on your left.

Block – to praktycznie odległość od jednej przecznicy do drugiej. Natomiast nawet po płaskiej ulicy jedzie się *w górę* lub *w dół* – zwykle zgodnie z numeracją; w praktyce nie należy się tym zbytnio przejmować, bo gest i tak wyznaczy kierunek bez żadnej wątpliwości.

Przy wyjaśnianiu drogi udzielanym ci w U.S.A. często usłyszysz zapewnienie, że *nie możesz tam nie trafić:*

You can't miss it! [ju KEENT MYsyt]

Nie ufaj jednak zbytnio temu zapewnieniu i dobrze nadstawiaj uszu gdy się będziesz pytać o drogę.

SPRÓBUJ SAM:

Przetłumacz na angielski:

1. Jak dojść do banku Midwest?
2. Jak dojść do Milwaukee Avenue?
3. Idź prosto przed siebie.
4. Idź do pierwszych świateł.
5. Skręć w lewo.
6. Skręć w prawo.
7. Przejdź trzy skrzyżowania w dół ulicy.
8. Jedź w górę ulicy i skręć w prawo.
9. Jedź do drugich świateł i skręć w lewo.
10. Nie możesz tam nie trafić!

Czy potrafisz już wytłumaczyć po angielsku jak dotrzeć do twojego miejsca zamieszkania, do kościoła **(church)**, kina **(movie theater),** przystanku autobusowego **(bus stop)**, poczty **(post office)**, itd.?

NOTATKI:

_____

_____

_____

_____

_____

_____

_____

Unit 32

CO JEST W TYM POKOJU?

Jest jakiś stół, są trzy krzesła, jest kanapa, jest telewizor, są dwa okna..., czyli:

THERE IS A TABLE [$\mathcal{D}$ERze TEJbl];
THERE ARE THREE CHAIRS [$\mathcal{D}$Era $\mathcal{S}$RIJ CZEERZ];
THERE IS A SOFA [$\mathcal{D}$ERze SOUfa];
THERE IS A TV [$\mathcal{D}$ERze TI WI];
THERE ARE TWO WINDOWS... [$\mathcal{D}$ERa TU ŁYNdołs]

Po angielsku nie możesz, tak jak po polsku, zacząć od *„jest"* lub *„są"*, bo jak wiesz tak się zaczynają pytania. Trzeba więc przed IS lub ARE „coś" postawić. To „coś" to wyraz THERE, który w tym miejscu nic nie znaczy: po prostu stoi sobie na początku. Oto, na przykład, znalazłeś torebkę i sprawdzasz jej zawartość:

There are four keys. [$\mathcal{D}$Era FOR KIJz] – *Są cztery klucze.*
There is a diary. [$\mathcal{D}$ERze DAjery] – *Jest kalendarzyk...*
There is a photograph [$\mathcal{D}$ERze FOUtogref] – *Jest zdjęcie...*
There is a driver's license. [$\mathcal{D}$ERze DRAJwers LAJsens] – *Jest prawo jazdy.*

Nie zapomnij przy tym, że przy pomocy

THERE IS lub **THERE ARE** możesz także coś powiedzieć o osobach znajdujących się w danym miejscu:

There are a lot of people on the street. – *Jest dużo ludzi na ulicy.*

Dzięki słówku **THERE**, pytania tworzy się według znanego już sposobu, stawiając **IS** lub **ARE** przed **THERE: Is there...?, Are there...?** W ten sposób możesz na przykład wypytać o mieszkanie, które ewentualnie chcesz wynająć:

Is there a refrigerator? [YZ*d*er ereFRYdżerejter] – *Czy jest lodówka?*
Are there new carpets in the apartment? [AR*d*er NJUU KARpets yn*d*i ePARTment] – *Czy są nowe wykładziny w mieszkaniu?*
Are there cabinets in the kitchen? [AR*d*er KEbynets YN*d*e KYczen] – *Czy są szafki w kuchni?*
Is there an air conditioner in the apartment? [YZ*d*er enEER kenDYszener yn*d*i ePARTment] – *Czy jest klimatyzator w mieszkaniu?*

Jeśli w twoim pokoju są dwa okna, mały stół, dwa fotele, łóżko, półka na książki i ładna lampa – możesz opisać go następująco:

In my room there are two windows, there is a small table, there are two armchairs [ARMczerz], there is a bed, there is a bookshelf, there is a nice lamp.

Teraz możesz zadać tytułowe pytanie i odpowiedzieć na nie opisując swój pokój lub jakiś inny, który dobrze znasz:

What is there in that room? [łot YZ*d*er YN*d*et RUM]

SPRÓBUJ SAM:

Dodając **THERE IS** lub **THERE ARE** wymień następujące rzeczy, które masz na sprzedaż:

stół *(a table)*
cztery krzesła *(four chairs)*
dwa fotele *(two armchairs)*
półka na książki *(a bookshelf)*
szafka kuchenna *(a kitchen cabinet)*
małe radio *(a small radio)*
piętnaście kaset video *(fifteen videocassettes)*
ekspres do kawy *(a coffeemaker)*
kuchenka mikrofalowa *(a microwave oven)*
trzy obrazy *(three paintings)*

A teraz spróbuj wyliczyć, co rzeczywiście znajduje się w twoim pokoju.

NOTATKI:

_____

_____

_____

_____

_____

_____

Unit 33

CZY MI POMOŻESZ?

Przyszłość możesz w języku angielskim wyrazić w rozmaity sposób. Amerykanie bardzo lubią wyrażenie znane jako **GOING TO**:

I'm going to do it tomorrow. [ajm GOły*ŋ* tuDUyt tuMOroł] – *Zrobię to jutro.*

I'm going to buy a new car next year. [tuBAJ eNJUU KAAR nekstJEER] – *Zamierzam kupić nowy samochód w przyszłym roku.*

I'm going to get married next month. [tuGET MEryd nekst MAN*S*] – *... ożenić się (lub: wyjść za mąż) w przyszłym miesiącu.*

Jak widzisz, wyrażenia te składają się ze znanego ci **I'M GOING** oraz nazwy czynności poprzedzonej nic nie znaczącym słówkiem **TO**. Także nie tłumaczy się samego słowa **GOING** w tym wyrażeniu, które jako całość mówi nam coś o przyszłości: czy jest to *zamiar,* czy *stwierdzenie przyszłego faktu* najlepiej sam rozstrzygnij na podstawie następujących przykładów:

I'm going to work on Sunday. [aimGOły*ŋ* tuŁERK onSANdej] – *...pracować w niedzielę.*

I'm going to speak English well soon! [tuSPIJK YNGlysz ŁEL SUUN] – *...mówić wkrótce dobrze po angielsku!*

I'm going to be 29 next month. [tuBIJ TŁENty NAJN nekstMAN*S*] – *Będę miał 29 lat w przyszłym miesiącu.*

To samo wyrażenie świetnie się przydaje, gdy chcesz zapytać kogoś o jego przyszłość lub zamiary. Zacznij wtedy pytanie od **ARE YOU GOING TO...** – i wymień czynność, o którą pytasz:

Are you going to call him? [arJU GOły η tuKOLhym] – *Czy zamierzasz zadzwonić do niego?* lub po prostu: *Czy zadzwonisz do niego?*
Are you going to make some coffee? [tuMEJKsam KOfi] – *...zrobić trochę kawy?*
Are you going to marry her? [tuMEry her] *...poślubić ją?*
Are you going to clean up that mess? [KLIJNap *d*etMES] – *...posprzątać ten bałagan?*

A więc na pewno sam już byś potrafił zadać pytanie zawarte w tytule:

Are you going to help me?
[arJU GOły η tuHELPmi]

Przyda ci się ono w każdej trudnej sytuacji, i nie tylko...

Przetłumacz na angielski:

1. Zrobię trochę kawy. *(make some coffee)*
2. Będę się uczył angielskiego. *(study English)*
3. Zabiorę samochód do mechanika jutro. *(take my car to the mechanic tomorrow)*
4. Znajdę lepszą pracę. *(find a better job)*
5. Zacznę swój interes w przyszłym roku. *(start my business next year)*
6. Czy przyjdziesz wieczorem? *(come tonight)*
7. Czy pojedziesz na ryby w czasie tego weekendu? *(go fishing this weekend)*
8. Czy skończysz jutro? *(finish tomorrow)*
9. Czy będziesz pracował w sobotę? *(work on Saturday)*
10. Czy mi zapłacisz? *(pay me)*

NOTATKI:

_____

_____

_____

_____

_____

_____

_____

_____

Unit 34

KIEDY MI POŻYCZYSZ PIENIĄDZE?

Planowanie przyszłości wymaga często zapytania o szczegóły. Jak to zrobić? – ano, bardzo prosto: do znanej ci już formy **ARE YOU GOING TO...?** dodaj tylko słowa pytające, takie jak:

WHEN [ŁEN] – *kiedy?*
WHERE [ŁER] – *gdzie?*
WHAT [ŁOT] – *co? (jaki? jaka? jakie?)*
WHY [ŁAJ] – *dlaczego?*
HOW LONG [HAŁ LO𝒟𝓊] – *jak długo?*
HOW MUCH [HAŁ MACZ] – *ile?*

I chyba to ostatnie pytanie padnie najczęściej – zwłaszcza przy robieniu interesów:

How much are you going to pay for it? [HAŁ MACZ arjuGOŁy𝜂 tuPEJforyt] – *Ile zamierzasz za to zapłacić?*
How much are you going to give me per hour? [tuGYWmi perAłer] – *Ile dasz mi na godzinę?*
How much money are you going to make in this business? – [HAŁmacz MAny arjuGOŁy𝜂 tuMEJK yn𝑑ys BYZnys] – *Ile pieniędzy zamierzasz zarobić w tym biznesie?*

Ale jeśli już mowa o biznesie, to warto się także upewnić o inne szczegóły:

When are you going to start your own business? [ŁENarju GOły*η* tuSTART jorOŁN BYZnys] – *Kiedy zamierzasz zacząć swój własny biznes?*

Where are you going to open it? – [ŁERarju GOły*η* tuOUpenyt] – *Gdzie go zamierzasz otworzyć?*

What kind of business are you going to run? [ŁOT KAJNDow BYZnys arjuGOłyn tuRAN] – *Jaki rodzaj biznesu zamierzasz prowadzić?*

Why are you going to do just this? [ŁAJarju GOły*η* tuDU dzias *𝒟*YS] – *Dlaczego zamierzasz robić właśnie to?*

How long are you going to work every day? [hałLO *𝒩* arjuGOły*η* tuŁERK ewryDEJ] - *Jak długo zamierzasz pracować codziennie ?*

A kiedy już twój znajomy zarobi dość pieniędzy, wtedy przyjdzie czas na pytanie zawarte w tytule tej lekcji:

When are you going to lend me some money? [LENDmi]

Tak czy owak, tego typu pytania szczegółowe zawsze pozwolą ci się wypytać znajomych i przyjaciół o ich zamierzenia i plany.

SPRÓBUJ SAM:

Przetłumacz na język angielski:

1. Czy przyjdziesz?
2. Kiedy przyjdziesz?
3. Dlaczego przyjdziesz?
4. Gdzie przyjdziesz?
5. Ile mi pożyczysz?
6. Jaki samochód kupujesz?
7. Gdzie go kupujesz? *(buy it)*
8. Kiedy go kupujesz?
9. Ile zapłacisz za niego? *(pay for it)*
10. Jak długo będziesz go używał? *(use it)*

NOTATKI:

_____

_____

_____

_____

_____

_____

_____

_____

_____

_____

_____

_____

Unit 35

KIEDY ON WRÓCI?

Wyrażenie **GOING TO** także świetnie spełnia swoje zadanie kiedy mówi o przyszłych działaniach innych osób, na przykład: sąsiada, sąsiadki, albo sąsiadów:

My neighbor is going to have a party tonight.
[majNEJber yzGOłyη tuHEW ePARty tuNAJT]
– *Mój sąsiad (lub: sąsiadka) wydaje przyjęcie dzisiaj wieczorem.*
My neighbors are going to have a baby.
[majNEJberz arGOłyη tuHEW eBEJbi] – *Moi sąsiedzi będą mieli dziecko.*

Jednak o wiele częściej pragniemy się dowiedzieć o plany innych osób, szczególnie w pracy:

Is he going to help me? [YZhi GOłyη tuHELPmi]
– *Czy on mi pomoże?*
Is he going to come over today? [tukam OUwer tuDEJ] – *Czy on dzisiaj przyjdzie?*
Is he going to pay for it? [YSszi GOłyη tuPEJforyt] – *Czy on za to zapłaci?*
Are they going to hire me? [AR*d*ej GOłyη tuHAjer mi] – *Czy oni mnie zatrudnią?*

Oczywiście, wszystkie powyższe przykłady można także tłumaczyć jako „zamiar", ale chyba wygodniej jest zapamiętać, że **GOING TO** po prostu mówi o przyszłości. Tak jest na przykład w

121

tych już bardzo szczegółowych pytaniach:

When is he going to help me? – *Kiedy on mi pomoże?*
Why is he going to come over today? – *Dlaczego on dzisiaj przyjdzie?*
How much is she going to pay for it? – *Ile ona za to zapłaci?*
Where are they going to hire me? – *Gdzie oni mnie zatrudnią?*

Także, na przykład, wzywając telefonicznie do domu mechanika warto się od razu upewnić w firmie co do szczegółów:

When is he going to come over? [ŁEN yzhiGOły*η* tukam OUwer] – *Kiedy on przyjdzie?*
How long is he going to work on it? [hałLO𝒪𝑡 yzhiGOły*η* tuŁERK onyt] – *Jak długo będzie przy tym pracował?*
How much is he going to charge me? [hałMACZ yzhi GOły*η* tuCZARDŻmi] – *Ile on policzy?*

Dobrze zaplanowane działanie ma wielką przyszłość; nie lekceważ zatem tego małego **GO-ING TO!**

SPRÓBUJ SAM:

Przetłumacz na angielski taką oto opowieść:

Ona przyjeżdża jutro *(arrive)*. On będzie czekał na nią na lotnisku (*wait for her at the airport*). Pobiorą się za miesiąc. *(get married in a month)*. Kupią nowy dom i będą mieli dwoje dzieci *(have two children)*. On otworzy swój biznes. Ona będzie gospodynią *(be a housewife)*. Potem ona pójdzie do pracy (będzie pracować), a on będzie gotował obiady.

Czy potrafisz teraz sam opowiedzieć o tym, co zrobią twoi znajomi w najbliższym czasie?

NOTATKI:

_____

_____

_____

_____

_____

_____

_____

_____

_____

_____

_____

_____

Unit 36

CZY BIEGANIE JEST ZDROWE?

Jeśli do JAKIEJKOLWIEK nazwy czynności dodasz końcówkę -ING, to otrzymasz nowe słowo (rzeczownik) o osobnym znaczeniu:

save – *oszczędzać:* saving [SEJwiŋ] – *oszczędzanie*
shave – *golić:* shaving [SZEJwiŋ] – *golenie*
swim – *pływać:* swimming [SŁYmyŋ] – *pływanie*

Przypomnij sobie kilka znanych ci na pewno wyrazów utworzonych w ten sposób od nazw czynności, takich jak:

boxing [BOKsyŋ] – *boks*
jogging [DŻIOgiŋ] – *bieganie dla zdrowia*
dancing [DEENsyŋ] – *dancing* (dosłownie: *tańczenie*)
cleaning [KLIJnyŋ] – *sprzątanie*
cooking [KUkiŋ] – *gotowanie*
washing [ŁOszyŋ] – *pranie albo mycie*

Takich nowo utworzonych słów używa się tak jak nazw rzeczy:

SMOKING is harmful. [SMOŁkiŋ ysHARMful] – *Palenie jest szkodliwe.*
DRINKING and DRIVING is dangerous.
[DRYNkiŋ en DRAJwiŋ yzDEJNdżeres] – *Picie i jeżdżenie jest niebezpieczne.*

JOGGING is good for your health. [DŻIOgiη yzGUD forjorHEL*S*] – *Bieganie jest dobre dla zdrowia.*

Na co dzień w różnych firmach usłyszysz podziękowanie za *„poczekanie", „zadzwonienie"* czy *„kupowanie"* – a nawet za samo *„przyjście":*

Thank you for CALLING our bank. [*S*EE*N*Kju forKOlyη aurBEηk] – *Dziękujemy za zadzwonienie do naszego banku.*
Thank you for WAITING. [forŁEJtyη] – *...za poczekanie.*
Thank you for SHOPPING at Sears. [forSZOpyη etSIJrs] – *...za kupowanie u Searsa.*
Thank you for COMING. [forKAmyη] – *...za przyjście.*

Możesz także łatwo powiedzieć w ten sposób, że *lubisz:* **I LIKE** – względnie *nie lubisz* **I DON'T LIKE** wykonywania jakichś czynności:

I like fishing. [ajLAJK FYszyη] – *Lubię łowienie ryb.*
I don't like washing dishes. [ajDOUNTlajk ŁOszyη DYszyz] – *Nie lubię mycia naczyń.*
I like writing letters. [RAJtyη LEterz] – *...pisanie listów.*
I don't like paying bills. [PEJiη BYLZ] – *...płacenia rachunków.*

Widzisz zatem sam jak łatwo można pomnożyć liczbę znanych angielskich słów. A jeśli się uważnie rozejrzysz, znajdziesz więcej przykładów, bo takie słowa są używane na każdym kroku. Ale już dziś możesz powiedzieć sobie:

I LIKE SPEAKING ENGLISH.
SPEAKING ENGLISH IS VERY EASY!

SPRÓBUJ SAM:

Wymienione poniżej czynności podziel na cztery grupy, w zależności od twojego nastawienia – i powiedz o nich głośno zaczynając od:

I LOVE... [ajLAW] – *(Uwielbiam...)*
I LIKE... [ajLAJK] – *(Lubię...)*
I DON'T LIKE... [ajDOUNT LAJK] – *(Nie lubię...)*
I HATE... [ajHEJT] – *(Nienawidzę...)*

CLEANING – COOKING – DANCING – DRINKING MILK – DRIVING – EATING ICE CREAM – FISHING – GETTING UP EARLY – JOGGING – PAINTING – PAYING BILLS – PLAYING CHESS – READING DETECTIVE NOVELS – SHOPPING – SLEEPING – SMOKING CIGARETTES – SPEAKING ON THE PHONE – STUDYING ENGLISH – SWIMMING - VISITING MUSEUMS – WALKING IN THE FOREST – WAITING – WATCHING BASEBALL – WRITING LETTERS...

(sprzątanie, gotowanie, tańczenie itd.)

Unit 37

CZY TO TY ZROBIŁEŚ?

Najczęściej o przeszłość zapytasz się używając słowa **DID**. Nie ma ono żadnego znaczenia, natomiast sygnalizuje twojemu rozmówcy, że będzie mowa o minionych chwilach – o tym co niegdyś robiłeś ty lub ktoś inny:

Did you have a car in Poland? [DYDju HEwe KAryn POUlend] – *Czy miałeś w Polsce samochód?*

Did you work as a mechanic in Florida? [DYDju ŁERK ezemyKEnyk ynFLOryda] – *Czy pracowałeś jako mechanik na Florydzie?*

Did you see him yesterday? – [DYDju SIhym JESterdej] – *Czy widziałeś go wczoraj?*

Zapewne sam zauważyłeś, że postawienie tego przeszłego „sygnału" **DID** w pytaniu, pozwala użyć znanych ci już nazw czynności bez jakiejkolwiek zmiany. A zatem jeśli po **DID YOU...** pojawia się, na przykład: **...COOK DINNER, ...DO YOUR JOB, ...GO TO CHURCH LAST SUNDAY, ...FIX MY CAR YESTERDAY**, itp., to automatycznie będą to pytania odnoszące się do wykonanej, przeszłej czynności:

Did you pay the rent last month? [PEJ*d*e RENT lestMAN*S*] – *Czy zapłaciłeś czynsz w ubiegłym miesiącu?*

Did you make dinner? [MEJK DYner]

Did you do your job? [DUjor DZIOB]
Did you go to church last Sunday? [GOŁ tuCZERCZ lestSANdy]
Did you fix my car yesterday? [FYKS majKAr JESterdej]

Odpowiedź na te pytania może być krótka: *„Tak"* albo *„Nie".*

Yes, I did. [JES, ajDYD]
No, I didn't. [NOŁ, ajDYdnt]

Zatem zanim odpowiesz na pytanie zawarte w tytule tej lekcji:

Did you do it?

lepiej się przez chwilę zastanów!

W układaniu własnych
przykładów pomogą ci listy
czynności na końcu książki.

128

Przetłumacz na angielski:

1. Czy mieszkałeś w Nowym Jorku? *(live)*
2. Czy miałeś dużo pieniędzy? *(have)*
3. Czy jadałeś chińskie jedzenie? *(eat)*
4. Czy znałeś sławnych ludzi? *(know famous people)*
5. Czy oglądałeś mecze koszykówki? *(watch)*
6. Czy wynajmowałeś mieszkanie? *(rent)*
7. Czy jeździłeś nowym samochodem? *(drive)*
8. Czy miałeś prawo jazdy? *(have)*
9. Czy spotykałeś Polaków? *(meet)*
10. Czy spędzaliście weekendy razem? *(spend)*

NOTATKI:

_____

_____

_____

_____

_____

_____

_____

_____

_____

Unit 38

DLACZEGO TO ZROBIŁEŚ?

Umiesz już zadać pytanie: *„Czy ty to zro-biłeś?"*, w którym pojawia się nasz sygnał prze-szłości **DID**:

Did you do it?

Teraz wystarczy przed tym **DID YOU** posta-wić jedno ze słów pytających **WHAT, WHEN, WHERE, WHY, HOW MUCH**, itp. – i od razu będziesz się mógł wypytać o szczegóły dotyczące już wykonanych czynności:

Why did you do it? [ŁAJdydju DUyt] – *Dlaczego to zrobiłeś?*
Where did you go yesterday? [ŁER dydju GOŁ JESterdej] – *Gdzie wczoraj poszedłeś?*
What did you have for lunch? [ŁOT dydju HEW forLANCZ] – *Co jadłeś na lunch?*
What car did you drive in Poland. [ŁOT KAR dydju DRAJW ynPOUlend] – *Jakim samocho-dem jeździłeś w Polsce?*

Zanim ułożysz następne pytania dotyczące „minionych chwil", zauważ, że słowo **WHAT** w języku angielskim nie znaczy tylko *„Co?"*, ale również *„Jaki?"*, *„Jaka?"*, *„Jakie?"*, itp. Dlatego właśnie można się zapytać, na przykład:

What tools did you use in Poland? [ŁOT TUULZ dydju JUzyn POUlend] – *Jakich narzędzi używałeś w Polsce?*

What color car did you have? [ŁOT KAler KAR dydju HEW] – *Jakiego koloru samochód miałeś?*

Przy dyskusjach „konkretnych", warto żebyś pamiętał o pytaniach zaczynających się od **HOW**:

How much did you pay? [hałMACZ dydjuPEJ] – *Ile zapłaciłeś?*

How long did you live in Poland? [hałLONg dydjuLYWyn POUlend] – *Jak długo mieszkałeś w Polsce?*

How often did you change your cars? [hałOfyn dydjuCZEJNDŻ jorKARZ] – *Jak często zmieniałeś samochody?*

A jeśli nie możesz zrozumieć motywów czyjegoś działania, na pewno przyda ci się pytanie zawarte w tytule:

WHY DID YOU DO IT? [ŁAJ dydjuDUyt]

Listę czasowników dwuwyrazowych znajdziesz na stronie 178.

Przetłumacz na angielski:

1. Co robiłeś wczoraj? *(do)*
2. Gdzie kupiłeś tę wiertarkę? *(this drill)*
3. Kiedy spotkałeś go? *(meet him)*
4. Jak długo uczyłeś się angielskiego w Polsce? *(study)*
5. O której godzinie wstałeś? *(get up)*
6. Jak często brałeś urlop w Polsce? *(take vacation)*
7. Ile mu dałeś za to? *(give him for it)*
8. Gdzie pojechałeś na weekend? *(go for the weekend)*
9. Dlaczego kupiłeś to? *(buy it)*
10. Co mu powiedziałeś? *(tell him)*

NOTATKI:

Unit 39

CZY ONA PRZYSZŁA?

Aby porozmawiać o dokonaniach innych osób, czyli o tym co ktoś kiedyś zrobił, nadal niezbędne okaże się dla ciebie słowo **DID**, które zawsze pokaże twojemu rozmówcy, że jest mowa o przeszłości. I znowu wystarczy tutaj po **DID** – i osobie, o której mowa, postawić tylko zwykłą nazwę czynności bez żadnych końcówek.

Did he work yesterday? [DYDhi ŁERK JESterdej] – *Czy on wczoraj pracował?*
Did she come to your party? [DYDszi KAMtujor PARty] – *Czy ona przyszła na twoje przyjęcie?*
Did they pay you? [DYD*d*ej PEJju] – *Czy oni zapłacili ci?*

Na tego typu pytania odpowiedź może oczywiście być: **YES** lub **NO**. Ale przecież znowu będziesz często chciał się wypytać o szczegóły, więc nie zapominaj o możliwości postawienia na początku jakiegoś słowa „pytajnego":

How long did he work yesterday? [hałLO*9U*] – *Jak długo on wczoraj pracował?*
Why did she come to the party? [ŁAJ] – *Dlaczego ona przyszła na przyjęcie?*
When did they pay you? [ŁEN] – *Kiedy oni ci zapłacili?*
What time did she come? [ŁOT TAJM] – *O której godzinie przyszła?*

Where did he work? [ŁERK] – *Gdzie on praco-wał?*

Widzisz zatem sam, jak bardzo przydatne jest słowo **DID** do tworzenia wszelkich pytań w języku angielskim, które odnoszą się do przeszłości. Jeszcze raz przypominamy, że nie ma ono żadnego konkretnego znaczenia, a jedynie **odnosi całe pytanie do przeszłości**. Pytanie takie może zawierać w sobie także słowo NIE, tak jak w tej naszej małej „prowokacji":

Why didn't you study English in Poland? [ŁAJ dydntju STAdy YNglysz ynPOUlend] – *Dlaczego NIE uczyłeś się angielskiego w Polsce?*

No i oczywiście w ten sposób możesz się zapytać o inne osoby, np.:

Why didn't he do it? [ŁAJdydnt hiDUyt] – *Dlaczego on tego nie zrobił?*
Why didn't they come to my party? [ŁAJdydnt *d*ejKAM tumajPARty] – *Dlaczego oni nie przyszli na moje przyjęcie?*

SPRÓBUJ SAM:

Przetłumacz na angielski:

1. Gdzie on poszedł? *(go)*
2. Co ona powiedziała? *(say)*
3. Dlaczego oni nie przyszli? *(come)*
4. Jak długo twój brat mieszkał w Chicago? *(live)*
5. Dlaczego mechanik nie naprawił mojego samochodu? *(fix)*
6. Kiedy ona to zrobiła? *(do)*
7. O której oni skończyli wczoraj? *(finish)*
8. Jakim samochodem on jeździł w Polsce? *(drive)*
9. Gdzie ona to znalazła? *(find it)*
10. Kiedy on to zgubił? *(lose it)*

NOTATKI:

_____

_____

_____

_____

_____

_____

_____

_____

_____

_____

Unit 40

GDZIE SĄ TE KOŃCÓWKI?

Chodzi nam oczywiście o końcówki, które pojawiają się, kiedy jest mowa o czynnościach już wykonanych. Zadając pytania ze słowem **DID**, nazw czynności używałeś w niezmienionej formie, ponieważ samo **DID** jest wystarczającym sygnałem przeszłości. Podobnie będzie we wszystkich przeczeniach, gdzie pojawi się **DIDN'T**:

I didn't have a car in Poland. [ajDYdnt HEwe KAryn POUlend] – *Nie miałem w Polsce samochodu.*

You didn't help me yesterday. [juDYdnt HELPmi JESterdej] – *Nie pomogłeś mi wczoraj.*

She didn't work. [sziDYdnt ŁERK] – *Ona nie pracowała.*

They didn't pay me. [*d*ejDYdnt PEJmi] – *Nie zapłacili mi.*

Zatem jeśli nie ma końcówek w przeszłych pytaniach i przeczeniach, to jedynym miejscem, gdzie się one mogą pojawić są już tylko stwierdzenia. Całą sprawę można przeważnie załatwić przy pomocy małego „**-ed**" dodawanego na końcu nazwy czynności:

She cooked a good dinner. [sziKUKTe GUD DYner] – *Ugotowała dobry obiad.*

I worked hard in Poland. [ajŁERKT HARDyn POUlend] – *Pracowałem ciężko w Polsce.*

136

They helped me yesterday. [*d*ejHELPTmi JESterdej] – *Pomogli mi wczoraj.*

We moved to Chicago last year. [łiMUUwd tusziKAgou lestJEER] – *Przeprowadziliśmy się do Chicago w ubiegłym roku.*

Wszystko byłoby bardzo łatwe, gdyby nie mały problem, który stwarzają tak zwane czasowniki nieregularne. Zamiast końcówki -**ed**, w czasie przeszłym przybierają one zupełnie inną postać. Niestety, jedynym wyjściem jest nauczenie się tych „postaci" na pamięć. Na przykład: **GO** to w czasie przeszłym **WENT; DRINK – DRANK; DRIVE – DROVE; EAT – ATE:**

I went to church on Sunday. [ajŁENT tuCZERCZ onSANdej] – *Poszedłem do kościoła w niedzielę.*

She drank a lot of coffee in the morning. [szi DRE𝒮𝒰Ke LOTow KOfi yn*d*e MORni*η*] – *Wypiła bardzo dużo kawy rano.*

They drove to New Jork last week. [*d*ej DROŁW tuNJU JORK lestŁIJK] – *Pojechali (samochodem) do Nowego Jorku w zeszłym tygodniu.*

We ate Chinese food in Chicago. [łiEJT czajNIJZ FUUDyn sziKAgou] – *Jedliśmy chińskie potrawy w Chicago.*

Ale tak naprawdę, tych rzeczywiście potrzebnych na co dzień nieregularnych przeszłych nazw czynności jest zaledwie kilkadziesiąt! Na str. 175 znajdziesz listę trzech form najpopularniejszych nazw czynności (trzecia forma przyda ci się w dalszej nauce).

Przetłumacz na angielski:

1. Naprawiłem mój samochód sam.
   (by myself)
2. Ona ugotowała włoski obiad wczoraj.
   (Italian dinner)
3. Pojechaliśmy na Florydę na weekend. *(to Florida)*
4. Moja siostra przeprowadziła się do Chicago w zeszłym roku. *(move)*
5. Uczyłem się angielskiego w Polsce. *(study)*
6. Mój przyjaciel poszedł na przyjęcie do ratusza wczoraj. *(to the party at City Hall)*
7. Umyłem samochód i zaczęło padać. *(it started to rain)*
8. Sprzątałem mieszkanie dopiero wczoraj. *(just yesterday)*
9. Oni mieszkali w Illinois dwa lata temu. *(ago)*
10. W ubiegłym tygodniu jedliśmy w rosyjskiej restauracji. *(Russian restaurant)*

NOTATKI:

_____

_____

_____

_____

_____

Unit 41

A MOŻE BEZ KOŃCÓWEK?

Na pewno ucieszy cię wiadomość, że w wielu twoich wypowiedziach odnoszących się do czasów minionych nie musisz się martwić o końcówki i formy nieregularne. Dzieje się tak dzięki prostemu wyrażeniu **USED TO** [JUStu]. Czyli zamiast:

I worked hard in Poland. [ajŁERKT HARDyn POUlend] – *Pracowałem ciężko w Polsce.*
I took English courses in Poland. [ajTUK YNGlysz KORsyzyn POUlend] – *Chodziłem na (brałem) kursy angielskiego w Polsce.*

możesz powiedzieć bez jakiejkolwiek zmiany znaczenia:

I used to work hard in Poland.
I used to take English courses in Poland.

Jedynym warunkiem zastosowania **USED TO** jest to, aby wprowadzało ono czynność, która kiedyś „trwała" lub „powtarzała się". A zatem nie możesz powiedzieć przy pomocy **USED TO**, że *wczoraj wypiłem jedną szklankę mleka.* Jeśli natomiast chcesz powiedzieć, że *pijałeś mleko,* kiedy, na przykład, byłeś w szkole, **USED TO** okaże się niezastąpione:

I used to drink milk when I was at school.
[ajJUStu DRY𝒟𝒰K MYLK łenAJ łozetSKUUL]
Podobnie:

139

I used to be a driver. [ajJUStubi eDRAJwer] – *Byłem kierowcą.*

I used to work as a mechanik. [ajJUStu ŁERKeze myKEnyk] – *Pracowałem jako mechanik.*

I used to read Polish papers. [ajJUStu RIJD POUlysz PEJpers] – *Czytywałem polskie gazety.*

To samo **USED TO** możesz użyć mówiąc o wszystkich innych znanych ci osobach:

She used to be beautiful. [sziJUStubi BJUtyful] – *Ona była piękna.*

He used to drive a truck. [hiJUStu DRAJwe TRAK] – *On prowadził ciężarówkę.*

They used to start work early in the morning. [*d*ejJUStu START ŁERK ERly yn*d*e MORny*ŋ*] – *Oni zaczynali pracę wcześnie rano.*

A jeśli przez chwilę się zastanowisz, o jakich sprawach mówisz najczęściej wspominając przeszłość, to dojdziesz szybko do wniosku, że właśnie o takich, które „trwały" lub „powtarzały się."

140

Przetłumacz na angielski:

1. Pracowałem jako hydraulik. *(as a plumber)*
2. Byłam sekretarką. *(a secretary)*
3. Naprawiałem telewizory. *(repair)*
4. Sprzedawałem lody w Polsce. *(sell)*
5. Chodziłem do szkoły zawodowej
   (a vocational school)
6. Miałem dużo pieniędzy. *(a lot of)*
7. Ona dużo paliła. *(smoke a lot)*
8. On miał dobrą pracę. *(have)*
9. Oni mieszkali w dużym mieście. *(live)*
10. Moi rodzice byli bogaci. *(My parents)*

NOTATKI:

_____

_____

_____

_____

_____

_____

_____

_____

_____

_____

_____

Unit 42

CZY BYŁEŚ WCZORAJ W DOMU?

Najwięcej o swojej lub czyjejś przeszłości możesz powiedzieć za pomocą dwóch małych słówek: **WAS** i **WERE**, które są po prostu czasem przeszłym słowa *być:*

I was a driver in Poland. [AJłoz eDRAJwer ynPOUlend] – *Byłem kierowcą w Polsce.*
I was very tired yesterday. [AJłoz wery TAjerd JESterdej] – *Byłem bardzo zmęczony wczoraj.*
I was in New York last year. [AJłoz ynNJUJORK lest JER] – *Byłem w Nowym Jorku w zeszłym roku.*

Oczywiście WAS i WERE możesz używać z innymi osobami:

He was sick last week. [HIłoz SYK lest ŁIJK] – *On był chory w zeszłym tygodniu.*
She was very rich long ago. [SZIłoz wery RYCZ LO℞egou] – *Ona była bardzo bogata dawno temu.*
It was hot last summer. [YTłoz HOT lestSAmer] – *Było gorąco w lecie ubiegłego roku.*
We were at home yesterday. [ŁIłer etHOŁM JESterdej] – *Byliśmy w domu wczoraj.*
You were silly. [JUłer SYly] – *Byłeś niemądry.*
They were busy. [℞EJłer BYzy] – *Oni byli zajęci.*

Wystarczy tylko, jeśli zapamiętasz, że **WAS**

142

łączy się z I, HE, SHE, IT, a słowo WERE z YOU, WE, THEY. A czy przypominasz sobie jak w przypadku słowa „być" zadaje się pytania? Postaw, po prostu WAS lub WERE na początku:

Was he sick? [ŁOZhi SYK] – *Czy on był chory?*
Was it hot? [ŁOzyt HOT] – *Czy było gorąco?*
Were you at home? [ŁERju etHOŁM] – *Czy byłeś w domu?*
Were they busy? [ŁERdej BYzy] – *Czy oni byli zajęci?*

A także:

Were there any phone calls? – *Czy były jakieś telefony?*
Was there enough milk in the fridge? – *Czy było dość mleka w lodówce?*

No właśnie – zmieniasz kolejność i podobnie jak przy słowach IS i ARE, uzyskujesz odpowiednik polskiego „Czy...?", które w języku angielskim jako słowo służące do zadawania pytań, po prostu nie istnieje! Np.:

Is he busy? – *Czy on jest zajęty?*
Was he busy? – *Czy on był zajęty?*

SPRÓBUJ SAM:

Przetłumacz na angielski:

1. Byłem mechanikiem.
2. Byłem w Kalifornii w ubiegłym miesiącu.
3. Byłem bardzo głodny. *(hungry)*
4. Było bardzo chłodno rano. *(cold)*
5. Oni byli bardzo biedni. *(poor)*
6. Ona była bardzo zajęta. *(busy)*
7. Czy on był bardzo zły? *(angry)*
8. Czy on był w garażu?
9. Czy oni byli szczęśliwi?
10. Czy było bardzo zimno? *(cold)*

NOTATKI:

_____

_____

_____

_____

_____

_____

_____

_____

_____

_____

Unit 43

GDZIE BYŁEŚ WCZORAJ?

Znasz już pytania typu *„Czy byłeś...?"* lub *„Czy ona była...?"*, na przykład:

Were you a good student? [ŁERju eGUD STJUdent] – *Czy byłeś dobrym uczniem?*
Was she in love? [ŁOZszi ynLAW] – *Czy ona była zakochana?*

Ale teraz na pewno będziesz chciał się zapytać o szczegóły. Aby to zrobić, wystarczy na początku znanych ci już pytań postawić odpowiednie słowo „pytajne":

Where was she yesterday? [ŁER łozszi JESterdej] – *Gdzie ona wczoraj była?*
Why were you there? [ŁAJ łerju *d*er] – *Dlaczego tam byłeś?*
How long was she in love? [hał LO𝓝 łozszi ynLAW] – *Jak długo była ona zakochana?*
When was he at home? [ŁEN łozhi etHOŁM] – *Kiedy on był w domu?*
What color was it? [łotKAler łozyt] – *Jakiego to było koloru?*
Who was with you? [HUłoz ły*d*JU] – *Kto był z tobą?*

Kiedy się już dowiedziałeś jak zadawać wszelkiego rodzaju pytania dotyczące przeszłego „bycia", na pewno chciałbyś nauczyć się jak powie-

145

dzieć, że ty sam, lub ktoś inny „*nie był*"... Nic prostszego. Pamiętaj tylko o małym słówku **NOT**:

I was not hungry yesterday. [AJłoz NOT HA *Н*gry JESterdej] – *Nie byłem głodny wczoraj.*

She was not very rich in Poland. [SZłoz NOT wery RYCZ ynPOUlend] – *Ona nie była zbyt bogata w Polsce.*

You were not the best. [JUłer NOT *d*eBEST] – *Nie byłeś najlepszy.*

We were not there last week. [Łłłer NOT *d*ear lestŁIJK] – *Nie byliśmy tam w zeszłym tygodniu.*

No i oczywiście nie zapominaj, że można **WAS NOT** i **WERE NOT** skrócić, zarówno w mowie jak i piśmie do **WASN'T** [ŁOzynt] i **WEREN'T** [ŁErynt]:

I wasn't there yesterday. – *Nie byłem tam wczoraj.*

They weren't very happy about it. – *Oni nie byli zbyt z tego zadowoleni.*

Przetłumacz na angielski:

1. Gdzie byłeś wczoraj?
2. Kto był w biurze? *(in the office)*
3. Jak długo byłeś w Nowym Jorku? *(how long)*
4. Dlaczego on był zły? *(angry)*
5. Kiedy byłeś w Disneylandzie? *(at)*
6. Jakiego koloru był ten samochód? *(what color)*
7. On nie był bardzo zajęty. *(very busy)*
8. On nie był w domu.
9. On nie był kierowcą w Polsce.
10. To nie był dobry pomysł. *(a good idea)*

NOTATKI:

_____

_____

_____

_____

_____

_____

_____

_____

_____

_____

_____

Unit 44

JAKIŚ CHŁOPAK – CZY TEN JEDEN?

Kiedy po polsku usłyszysz zdanie *„Poznałam jednego chłopaka wczoraj"*, to wiadomo, że jest to *„jakiś"* chłopak, czyli chłopak jakich wielu. Po angielsku powiesz:

I met a boy yesterday.
[ajMEte BOJ JESterdej]

Wynika z tego, że to był JAKIŚ chłopak oraz, że tylko JEDEN – a nie dwóch, trzech, itd. Wynika z tego także, że słówko **A** – najkrótsze w języku angielskim postawisz tam, gdzie mógłbyś powiedzieć **ONE**: najlepszy przykład to *„sto":* **A HUNDRED** znaczy dokładnie to samo co **ONE HUNDRED**.

A użyjesz więc wtedy, gdy chodzi o rzecz jedną, a zarazem jedną z wielu możliwych:

a book – *(jakaś)* książka
a house – *(pewien)* dom
a car – *(jakiś)* samochód

W liczbie mnogiej nie użyjesz już zatem **A** ale możesz wtedy powiedzieć po prostu **BOOKS, HOUSES, CARS** – albo ewentualnie użyć wyrazu **SOME** [SAM] czyli *trochę, kilka, jakieś*:

**SOME BOOKS, SOME HOUSES,
SOME CARS**

148

Jeżeli słowa są „niepoliczalne" takie jak **WA-TER** – *woda,* **GAS** – *benzyna,* **SUGAR** – *cukier* – używa się je tak, jak w liczbie mnogiej: bez żadnych określeń, lub z wyrazem **SOME:**

SOME WATER, SOME GAS, SOME SUGAR

Warto jeszcze pamiętać, że przed słowami zaczynającymi się od „O", „A", „E" i innych samogłosek, słówko „A" przybiera formę „AN" dla łatwiejszego wymówienia.

AN APPLE [eNEEpl] – *jabłko*
AN ORANGE [eNOryndż] – *pomarańcza*
AN UMBRELLA [enamBRElla] – *parasol*

Tak więc wiesz już, że zanim się zapoznasz z kimś (lub czymś) nieznajomym, będzie to dla ciebie **A BOY, A HOUSE, A PROBLEM.** Jak sprawić aby ów *„jakiś"* chłopak **(A BOY)** stał się *„właśnie tym o którego chodzi", „tym właściwym"* **(THE BOY)** – to również bardzo ciekawe zagadnienie.

SPRÓBUJ SAM:

Przetłumacz na angielski zwracając szczególną uwagę na małe słówka **a** lub **an**:

1. Powinieneś zapłacić sto dolarów. *(hundred)*
2. Poznałem wczoraj jednego aktora. *(actor)*
3. Daj mi łyżeczkę, proszę. *(spoon)*
4. Mam list dla ciebie. *(letter)*
5. Mam zamiar kupić samochód.
6. Potrzebne mi jest jabłko. *(apple)*
7. Potrzeba mi trochę cukru.
8. Możesz kupić trochę kawy.
9. Czy masz długopis? *(pen)*
10. Czy masz pieniądze?
11. Daj mi młotek i kilka gwoździ. *(hammer, a few nails)*

NOTATKI:

_____

_____

_____

_____

_____

_____

_____

_____

_____

_____

Unit 45

CZY WIESZ O KTÓREGO MI CHODZI?

Jeżeli wspomniałaś mi już raz o jakimś chłopaku (A BOY), to w dalszej rozmowie możesz o nim mówić **THE BOY** (jeśli, oczywiście, nie znasz jego imienia) – dając mi w ten sposób do zrozumienia, że powinienem już wiedzieć, o którego ci chodzi:

The boy danced very well. [*d*eBOJ DEENST weryŁEL] – *(Ów) chłopak tańczył bardzo dobrze.*
The boy was very nice. [*d*eBOJ łozWEry NAJS] – *(Ów) chłopak był bardzo miły.*

Podobnie, jeśli pamiętasz, na przykład, że miałem oglądać samochód, który chciałem kupić – powiem ci o nim:

The car is too expensive. [*d*eKARyz TUyksPENsyw] – *(Ów) samochód jest zbyt drogi.*

Tak więc **THE** używa się wtedy, gdy OBAJ rozmówcy wiedzą, o którą osobę lub rzecz konkretnie chodzi. Czasem jest to oczywiste z sytuacji:

Where's the kitchen? [ŁERZ *d*eKYczen] – *Gdzie jest kuchnia?*

151

Tak zapyta już w progu mechanik, który przy-
szedł naprawić lodówkę, bo jest oczywiste, że w
domu jest kuchnia – nawet jeśli jej wcześniej nie
wspomniano w rozmowie. Albo gdy u znajomych
nie wita cię w progu, jak zwykle, radosne szcze-
kanie – możesz zapytać:

Where's the dog? [ŁEERZ *d*eDOG] – *Gdzie
pies?*

Oczywiście pytanie mogłoby także brzmieć:
„**Where is your dog?**", ponieważ **MY, YOUR,
HIS** itd. można zastosować ZAMIAST **THE.**

THE występuje w przeciwieństwie do **A**, także
w liczbie mnogiej, jeżeli wiadomo, o które przed-
mioty chodzi:

How much did you pay for the shoes?
[hałMACZ dydju PEJfor*d*e SZUUZ] – *Ile zapłaciłeś za (te) buty? (Te, które mi pokazywałeś).*
The flowers are beautiful. [*d*eFLAłerz
arBJUtyful] – *(Te) kwiaty są piękne.*

W obu przypadkach można by było użyć
THESE [*Ð*IJZ] *(te)* lub **THOSE** [*Ð*OUZ] *(tamte)*
– ale wówczas trzeba by na te kwiaty lub buty
WSKAZAĆ. W przypadku **THE** – wiadomo BEZ
WSKAZYWANIA, o które konkretne kwiaty chodzi.
A zatem:

Flowers are beautiful. [FLAłerz arBJUtyful]
(kwiaty w ogóle, wszelkie, jakiekolwiek – są
piękne).

These flowers are beautiful. [*Đ*IJZ FLAłerz arBJUtyful] (Te kwiaty... – stwierdzamy <u>poka-zując,</u> o które chodzi).
The flowers are beautiful. (*Te...* czyli <u>wiadomo</u> które – <u>bez wskazywania</u>).

A więc od wczoraj to już jest **THE BOY** – czyli nie jakiś tam pierwszy lepszy chłopak **(A BOY)**, ale też bez wskazywania **(THIS BOY)** wiadomo już wszystkim znajomym, o którego chodzi.

Te piękne kwiaty zapewne dał ci nie jakiś tam pierwszy lepszy chłopak **(A BOY)**, lecz właśnie ten chłopak **(THE BOY**), o którym już od ciebie tyle słyszałem – czyli „bez wskazywania palcem" wiem już sam, o którego konkretnie ci chodzi.

The car wasn't very cheap!

153

SPRÓBUJ SAM:

Przetłumacz na angielski używając **THE** – tam gdzie potrzeba:

1. Gdzie jest łazienka? *(bathroom)*
2. Komputer jest zepsuty. *(broken)*
3. Czy szef jest w biurze? *(boss, office)*
4. (Ten) list jest bardzo długi.
5. Samochód był za drogi. *(too expensive)*
6. Otwórz kuchenkę mikrofalową. *(microwave oven)*
7. (Ta) kawa jest bardzo dobra.
8. Czy pies jest na podwórzu czy w domu? *(yard, house)*
9. Czy masz (te) pieniądze?
10. Czy zapłaciłeś za (tę) kawę? *(pay)*

NOTATKI:

Unit 46

CZY CHCIAŁBYŚ WIĘCEJ KAWY?

Zanim komuś zadasz powyższe pytanie, najpierw w ogóle musisz zaproponować:

Would you like a cup of coffee? [ŁUDju LAJK eKApow KOfi] – *Czy chciałbyś filiżankę kawy?*

No właśnie – do znanych już ci wyrażeń „grzecznościowych" na pewno warto dołożyć takie, które pozwoli ci coś komuś zaproponować – i to praktycznie w każdej sytuacji:

WOULD YOU LIKE...?

Teraz tylko wystarczy do niego dodać nazwę rzeczy, którą masz na myśli – i wszystko gotowe:

Would you like another beer? [eNA*d*er BIJR] *...jeszcze jedno piwo?*
Would you like this CD? [*d*ys SI DI] – *...tę płytę kompaktową?*

Samo **WOULD LIKE** może się także świetnie przydać do wyrażania twoich własnych próśb:

I would like two more cokes. [AJłudlajk TUmor KOUKS] – *Chciałbym jeszcze dwie cole.*
I would like more money for it. [morMAny FOryt] – *...więcej pieniędzy za to.*
I would like some French wine. [FRENCZ ŁAJN] – *...francuskiego wina.*

155

I would like scrambled eggs. [SKREMbld EGZ]
...*jajecznicę.*

Pamiętaj także, że **I WOULD** skraca się do **I'D** [AJD], zarówno w mowie jak i piśmie:

I'd like one orange juice. [ajd LAJK ŁANOryndż DŻIUS] – *Chciałbym jeden sok pomarańczowy.*

A teraz możemy już naszemu gościowi zaproponować dolanie kawy:

Would you like some more coffee?

Listę czasowników dwuwyrazowych znajdziesz na stronie 178.

Powiedz po angielsku:

1. Czy chciałabyś nową sukienkę? *(a new dress)*
2. Czy chciałbyś jeszcze jeden kawałek tortu? *(a piece of cake)*
3. Czy chcielibyście darmowe bilety do Polski? *(free tickets to Poland)*
4. Czy chciałby pan ten komputer? *(this computer)*
5. Czy chciałaby pani te książki? *(these books)*
6. Chciałabym zupę grzybową. *(mushroom soup)*
7. Chciałbym pół funta szwajcarskiego sera. *(half a pound of Swiss cheese)*
8. Chciałabym słoik dżemu. *(a jar of jam)*
9. Chciałbym tamten naszyjnik. *(that necklace)*
10. Chciałabym brązową skórzaną kurtkę. *(a brown leather jacket)*

NOTATKI:

_____

_____

_____

_____

_____

Unit 47

CZY CHCIAŁBYŚ TO ZROBIĆ?

Wyrażenie **WOULD LIKE** znakomicie nadaje się nie tylko do proponowania rzeczy, ale także „zrobienia czegoś", a nawet wręcz do zapytania innych osób o ich marzenia. Jednak w tym przypadku zawsze przed nazwą czynności musisz postawić „nic nie znaczące" słowo **TO**:

Would you like to come over at 5? [ŁUDju LAJK tukam OUwer etFAJW] – *Czy chciałbyś przyjść o 5?*

Would you like to do it tomorrow? [DUyt tuMOroł] – *...zrobić to jutro?*

Would you like to have a lot of money? [HEW eLOTow MAny] – *Czy chciałbyś mieć dużo pieniędzy?*

Would you like to live in Hawaii? [LYWyn haŁAji] – *...mieszkać na Hawajach?*

Would you like to stay here? [STEJhijr] – *...zostać tutaj?*

I znowu, przy pomocy **WOULD LIKE**, możesz także powiedzieć o swoich zarówno codziennych jak i nawet najbardziej ukrytych „pragnieniach":

I would like to have a good part-time job. [AJłud LAJK tuHEW eGUD PARtajm DŻIOB] – *Chciałbym mieć dobrą dodatkową pracę.*

I would like to make more money. [MEJK morMAny] – *...zarabiać więcej pieniędzy.*

I would like to meet the President. [MIJT *d*ePREzydent] – ...*spotkać (poznać) Prezydenta.*

No i oczywiście nie zapominaj, że **I WOULD** także i tutaj można skrócić do **I'D** [AJD]:

I'd like to open my own business. [ajdLAJKtu OUpen majOŁN BYZnes] – *Chciałbym otworzyć swój własny biznes.*

I'd like to have a big family. [HEweBYG FEmyly] – ...*mieć dużą rodzinę.*

I'd like to bring my wife to America. [ajdLAJK tuBRY*𝓝* majŁAJF tueMEryka] – ...*sprowadzić swoją żonę do Ameryki.*

I'd like to stay here. [STEJhijr] – ...*zostać tutaj.*

GOOD LUCK! – Powodzenia we wszystkich zamierzeniach – zwłaszcza tych, które wypowiesz po angielsku!

SPRÓBUJ SAM:

Najpierw powiedz po angielsku, co ty sam byś chciał zrobić, a następnie zapytaj się innej osoby, czy jej marzenia są takie same. Jeśli poniższe propozycje odpowiadają twoim „zachciankom", możesz z nich skorzystać:

BE HAPPY – *być szczęśliwy*
HAVE A BIG HOUSE – *mieć duży dom*
LIVE IN THE SUBURBS – *mieszkać na przedmieściach*
TAKE A LONG VACATION – *wziąć długi urlop*
SEE MY BROTHER – *zobaczyć mojego brata*
BRING MY SISTER TO CHICAGO – *sprowadzić moją siostrę do Chicago*, etc.
SPEAK ENGLISH – *mówić po angielsku*
BE A TRUCK DRIVER – *być kierowcą ciężarówki*
WIN THE LOTTERY – *wygrać w loterię*
MEET MICHAEL JACKSON – *spotkać...*
GO BACK TO POLAND – *wrócić do Polski*

Ale ty przecież sam najlepiej wiesz czego chcesz, więc powiedz to teraz sam po angielsku!

NOTATKI:

Unit 48

KIEDY CHCIAŁBYŚ PRZYJŚĆ?

Mając w zapasie grzeczną propozycję **WOULD YOU LIKE TO...?**, na pewno chciałbyś także się dowiedzieć, jak zasugerować komuś, czy nawet wręcz poprosić, o zrobienie czegoś w bardziej konkretnym czasie lub miejscu. Porównaj te dwie wypowiedzi:

Would you like to come tomorrow? [ŁUDju LAJK tuKAM tuMOroł] – *Czy chciałbyś przyjść jutro?*
When would you like to come? [ŁEN łudju LAJK tuKAM] – *Kiedy chciałbyś przyjść?*

Zapewne sam zauważyłeś, że wystarczy na początku postawić słowo *kiedy* – **WHEN,** aby zapytać się w bardzo grzeczny sposób o termin. Podobnie będzie z „pytajnikami" **WHERE, WHAT, WHAT TIME, WHY, HOW MUCH,** itp.:

Where would you like to see me? [ŁER łudju LAJK tuSIJmi] – *Gdzie chciałbyś się ze mną zobaczyć?*
What would you like to do on the weekend? [ŁOT łudju LAJK tuDU on*d*e ŁIJkend] – *Co chciałbyś robić w czasie weekendu?*
What time would you like to start? [ŁOT TAJM łudju LAJK tuSTART] – *O której godzinie chciałabyś zacząć?*
Why would you like to go there? [ŁAJ łudju LAJK tuGOŁ *d*er] – *Dlaczego chciałbyś tam iść?*

How much would you like to pay for it?
[hałMACZ ludju LAJK tuPEJforyt] – *Ile chciałbyś za to zapłacić?*

A czy pamiętasz, że **YOU** to po angielsku zarówno „ty" jak i „wy", a także „pan", „pani", „państwo" itd.? A więc przy pomocy wyrażenia **WOULD YOU** możesz się zwrócić dosłownie do każdego:

Why would you like to win the election, Mr. President? [ŁYN*d*i yLEkszyn myster PREzydent] – *Dlaczego chciałby pan wygrać te wybory, panie prezydencie?*
What time would you like to see me, Mrs. Taylor? [SIJmi] – *O której godzinie zechciałaby pani mnie przyjąć, pani Taylor?*

A zatem, niezależnie od tego jaką otrzymasz odpowiedź, jednego zawsze możesz być pewien – ty ze swojej strony starałeś się być uprzejmy i grzeczny!

Zapytaj się grzecznie po angielsku:

1. Kiedy chciałbyś mi zapłacić? *(pay me)*
2. Ile chciałbyś mi zapłacić?
3. Dlaczego chciałbyś to zrobić? *(do it)*
4. O której godzinie chciałbyś przyjść? *(come)*
5. Gdzie chciałbyś zjeść lunch? *(have lunch)*
6. Kiedy chciałbyś wrócić do Polski? *(go back to Poland)*
7. Ile chciałabyś dostać za ten samochód? *(get for this car)*
8. Dlaczego chciałabyś tam pójść? *(go there)*
9. Co chciałabyś zjeść na obiad? *(have for dinner)*
10. O której godzinie chciałby pan zacząć pracę, panie Ramirez? *(start work, Mr. Ramirez)*

NOTATKI:

_____

_____

_____

_____

_____

_____

_____

_____

Unit 49

CZY MÓGŁBYŚ TO ZROBIĆ DLA MNIE?

Przy okazji poznawania różnego typu próśb i sposobów wyrażania propozycji, warto także nauczyć się jeszcze jednego bardzo pożytecznego wyrażenia, które postawione przed nazwą czynności, oznacza, mniej więcej to samo co polskie *Czy mógłbyś...?*

COULD YOU...? [KUDju]

A zatem znając już wyrażenie **CAN YOU?** *(Czy możesz...?)* możemy teraz wyrażać swoje prośby mniej lub bardziej „grzecznie":

Can you give me large french fries? [KENju GYWmi LARDŻ FRENCZfrajs] – *Czy możesz mi dać duże frytki?*

Could you give me more sugar? [KUDju GYWmi morSZIUger] – *Czy mógłbyś mi dać więcej cukru?*

Jak widzisz, oba te wyrażenia spełniają doskonale swoją funkcję, kiedy chcesz o coś poprosić; zatem, którego z nich użyjesz zależy tylko i wyłącznie od ciebie samego. A i tak ta „grzeczność" bardziej zależy od sposobu twojego zachowania, tonu głosu, użycia **PLEASE**, a nawet uśmiechu, niż od wyboru takiego lub innego

164

wyrażenia. Pamiętaj także i o tym ucząc się użycia
COULD:

Could you wait a second? [ŁEJT eSEkend]
– *Czy mógłbyś poczekać sekundę?*
Could you come tomorrow? [KAM tuMOroł]
– *...przyjść jutro?*
Could you bring it over? [BRY *It*yt OUwer]
– *...przynieść to?*

No i, jak wspomnieliśmy wcześniej, możesz
się jeszcze bardziej „ugrzecznić" dodając do tego
i tak już bardzo miłego wyrażenia, słowo **PLEASE**:

**Could you tell me please where the bus stop
is?** [KUDju TELmi PLIJZ łer*d*e BASstop YZ]
– *Czy możesz mi proszę powiedzieć, gdzie jest
przystanek autobusowy?*
Could you please do it for me? [KUDju PLIJZ
DUyt formi] – *Czy mógłbyś to proszę dla mnie
zrobić?*

Amerykanie są do cudzoziemców nastawieni
dość pozytywnie, ale przecież zanim coś dla ciebie
zrobią, trzeba ich o to poprosić!

Powiedz po angielsku. Dla jeszcze większej „grzeczności" możesz czasami dodać PLEASE.

1. Czy mógłbyś rozmienić mi $10? *(give me change for $10)*
2. Czy mógłbyś zadzwonić do mnie po lunchu? *(call me after lunch)*
3. Czy moglibyście mi pomóc? *(help me)*
4. Czy mogłaby pani poczekać chwilę, pani Black? *(wait a moment Mrs. Black).*
5. Czy mógłbyś mi powiedzieć, która jest godzina? *(what time it is)*
6. Czy mogłabyś, proszę, poszukać mojego czeku? *(find my check)*
7. Czy mógłbyś zostać dłużej? *(stay longer)*
8. Czy moglibyście przynieść lunch dla mnie? *(bring lunch for me)*
9. Czy mógłbyś dać jej to? *(give it to her)*
10. Czy mogłabyś otworzyć okno? *(open the window)*

NOTATKI:

_____

_____

_____

_____

_____

_____

Unit 50

CO MUSISZ ROBIĆ?

Wyrażanie przymusu i obowiązku jest tematem dość „delikatnym" nie tylko w języku angielskim. Łatwo bowiem kogoś urazić, a i nietrudno samemu wpędzić się w kłopoty. Jednak masz do dyspozycji wyrażenie, które wprawdzie po polsku tłumaczy się jako „musieć", ale po angielsku jest raczej odbierane jako rodzaj perswazji:

YOU HAVE TO... [juHEWtu]

Wystarczy teraz dodać nazwę czynności i powstaną wypowiedzi, które Amerykanin odbierze niemal jak życzliwą radę:

You have to quit smoking. [juHEWtu KŁYT SMOŁkyŋ] – *Musisz rzucić palenie.*
You have to find a better job. [FAJND eBEter DŻIOB] – *...znaleźć lepszą pracę.*
You have to get married. [GET MEryd] – *...ożenić się* (lub: *wyjść za mąż*).
You have to finish it before midnight. [FYnyszyt byFOR MYDnajt] – *...skończyć to przed północą.*

Wyrażenie **HAVE TO** pozwala ci także wybiegać myślami w przyszłość:

You have to come to my party tomorrow. [KAMtu majPARty tuMOroł] – *...przyjść na moje przyjęcie jutro.*

You have to finish it by Friday – [FYnyszyt bajFRAJdej] – *Musisz to skończyć do piątku.*

Natomiast zapytanie się kogoś o jego po-winności i obowiązki, a nawet przyzwyczajenia, nie będzie dla ciebie już niczym nowym, ponieważ i tutaj możesz zacząć swoją wypowiedź od znane-go ci już **DO YOU:**

Do you have to smoke so much? [DUju HEWtu SMOŁK sołMACZ] – *Czy musisz tyle palić?*
Do you have to work on the weekend? [ŁERK on*d*e ŁIJkend] – *... pracować w czasie weeken-du?*
Do you have to do it now? [DUyt NAŁ] – *... robić to teraz?*

No i oczywiście, kiedy chcesz komuś zostawić decyzję, możesz na przykład powiedzieć:

You don't have to do it now. – *Nie musisz robić tego teraz.*

SPRÓBUJ SAM:

Wyobraź sobie, że jeden z twoich bliskich znajomych polega zupełnie na radach, które mu dajesz. Obecnie znalazł się w kłopotach i znowu chce się ciebie zapytać, co ma robić. Co mu powiesz? Czy przydadzą ci się poniższe sugestie:

1. Musisz zarabiać więcej pieniędzy. *(make more money)*
2. Musisz się wyprowadzić. *(move out)*
3. Musisz znaleźć nowych pracowników. *(new employees)*
4. Musisz wcześnie chodzić spać. *(go to sleep early)*
5. Musisz kupić większy dom. *(buy a bigger house)*
6. Musisz do niej napisać. *(write do her)*
7. Musisz zadzwonić do Tomka. *(call Tom)*
8. Musisz rzucić tę pracę. *(quit this job)*
9. Musisz się uczyć angielskiego. *(study English)*
10. Czy musisz iść teraz? *(go now)*

NOTATKI:

YOU HEVE TO MAKE MORE MONEY

POPULARNE NAZWY CZYNNOŚCI

Oto lista stu czasowników szczególnie przydatnych dla korzystających z niniejszego poradnika do własnych ćwiczeń. Dla wygody podzieliliśmy je na trzy grupy. Inne potrzebne ci nazwy czynności dopisuj poniżej, a z czasem powstanie czwarta lista, również bardzo pomocna w tworzeniu twoich własnych przykładów.

LISTA 1

buy [BAJ] — kupować
clean [KLIJN] — czyścić, sprzątać
close [KLOUZ] — zamykać
come [KAM] — przychodzić, przyjeżdżać

cook [KUK] — gotować
dance [DEENS] — tańczyć
drink [DRY𝒩K] — pić
drive [DRAJW] — prowadzić samochód

eat [IJT] — jeść
finish [FYnysz] — kończyć coś
fix [FYKS] — naprawiać
get [GET] — dostać, dotrzeć
get up [getAP] — wstać (z łóżka)
give [GYW] — dawać
go [GOŁ] — iść, jechać, udawać się gdzieś

have [HEW] — mieć
help [HELP] — pomagać
make [MEJK] — wytwarzać coś
meet [MIJT] — spotykać

open [OUpen]	– otwierać
pay [PEJ]	– płacić
play [PLEJ]	– grać w coś lub na czymś; bawić się
show [SZOŁ]	– pokazywać
sit (down) [sytDAUN]	– siedzieć; usiąść
sleep [SLIJP]	– spać
smoke [SMOUK]	– palić (papierosy)
speak [SPIJK]	– mówić
stop [STOP]	– zatrzymać (się), przestać
study [STADY]	– uczyć się, studiować
use [JUUZ]	– używać
visit [WYzyt]	– odwiedzać
wait [ŁEJT]	– czekać
wash [ŁOSZ]	– myć, prać
watch [ŁOCZ]	– obserwować, oglądać
work [ŁERK]	– pracować

LISTA 2

answer [EENser]	– odpowiadać; odbierać (telefon)
break [BREJK]	– przerywać; psuć, łamać
bring [BRY𝒟𝒰]	– przynosić, przyprowadzać
call [KOOL]	– telefonować, dzwonić; wołać
change [CZEJNDŻ]	– zmieniać
cry [KRAJ]	– płakać
do [DU]	– robić

kiss [KYS]	– całować
like [LAJK]	– lubić
listen [LYsen]	– słuchać
live [LYW]	– żyć, mieszkać
look [LUK]	– patrzeć
love [LAW]	– kochać
move [MUUW]	– ruszać, przeprowadzać się
paint [PEJNT]	– malować
park [PARK]	– parkować
prepare [priPEER]	– przygotowywać
put [PUT]	– kłaść, położyć
read [RIJD]	– czytać
see [SIJ]	– widzieć
sell [SEL]	– sprzedać
send [SEND]	– wysyłać
spell [SPEL]	– literować, spelować
start [START]	– zaczynać, startować
swim [SŁYM]	– pływać
take [TEJK]	– wziąć, brać
teach [TIJCZ]	– uczyć (kogoś)
try [TRAJ]	– próbować
understand [anderSTEEND]	– rozumieć
walk [ŁOK]	– iść, spacerować
want [ŁONT]	– chcieć
write [RAJT]	– pisać

LISTA 3

ask [EESK]	– pytać, prosić
cash [KEESZ]	– zamienić (czek) na gotówkę

check [CZEK]	– sprawdzać
cost [KOST]	– kosztować (o cenie)
fight [FAJT]	– bić się, walczyć
find [FAJND]	– znaleźć
hire [HAjer]	– zatrudnić
know [NOŁ]	– wiedzieć, znać
leave [LIJW]	– wyjeżdżać, wychodzić; opuszczać
lock [LOK]	– zamykać na klucz
lose [LUUZ]	– gubić, tracić
marry [MERY]	– poślubić
need [NIJD]	– potrzebować
order [ORder]	– zamawiać
remember [riMEMber]	– pamiętać
repeat [ryPIJT]	– powtarzać
serve [SERW]	– podawać, serwować, obsługiwać
shave [SZEJW]	– golić się
shut [SZAT]	– krzyczeć
sing [SY/ʔ]	– śpiewać
ski [SKI]	– jeździć na nartach
smile [SMAJL]	– uśmiechać się
stand [STEEND]	– stać
steal [STIJL]	– kraść
touch [TACZ]	– dotykać
turn [TERN]	– skręcać
vacuum [WEkjum]	– odkurzać
water [ŁOter]	– podlewać
win [ŁYN]	– wygrywać, zwyciężać
worry [ŁOry]	– martwić się

LISTA 4 – inne nazwy czynności, których TY często używasz:

.... [   ] – ....
.... [   ] – ....
.... [   ] – ....
.... [   ] – ....
.... [   ] – ....
.... [   ] – ....
.... [   ] – ....
.... [   ] – ....
.... [   ] – ....
.... [   ] – ....
.... [   ] – ....
.... [   ] – ....
.... [   ] – ....
.... [   ] – ....
.... [   ] – ....
.... [   ] – ....
.... [   ] – ....
.... [   ] – ....
.... [   ] – ....
.... [   ] – ....
.... [   ] – ....
.... [   ] – ....
.... [   ] – ....
.... [   ] – ....
.... [   ] – ....

NAJCZĘŚCIEJ WYSTĘPUJĄCE CZASOWNIKI NIEREGULARNE (IRREGULAR VERBS)

(Kolejne listy tych nieregularnych nazw czynności znajdziesz w dalszych częściach ENGLISH FOR YOU)

1

Break, broke, broken — łamać,
[BREJK – BROŁK – BROŁken] — przerywać; psuć

Bring, brought, brought — przynosić
[BRYŊ – BROT – BROT]

Buy, bought, bought — kupować
[BAJ – BOT – BOT]

Come, came, come — przychodzić; przybywać
[KAM – KEJM – KAM]

Cost, cost, cost — kosztować
[KOST – KOST – KOST]

Do, did, done — robić; zajmować się czymś
[DU – DYD – DAN]

Drink, drank, drunk — pić
[DRYŊK – DREŊK – DRAŊK]

Drive, drove, driven — prowadzić (samochód)
[DRAJW – DROŁW – DRYwen]

Eat, ate, eaten — jeść
[IJT – EJT – IJten]

Fight, fought, fought	– bić się,
[FAJT – FOT – FOT]	walczyć
Find, found, found	– znaleźć
[FAJND – FAŁND – FAŁND]	
Get, got, gotten	– dostać, nabyć
[GET – GOT – GOten]	
Give, gave, given	– dać
[GYW – GEJW – GYwen]	
Go, went, gone	– iść; jechać;
[GOŁ – ŁENT – GON]	udawać się
Have, had, had	– mieć
[HEW – HED – HED]	
Know, knew, known	– wiedzieć
[NOŁ – NJU – NOŁN]	
Leave, left, left	– wyjeżdżać,
[LIJW – LEFT – LEFT]	opuszczać
Lose, lost, lost	– gubić, tracić
[LUUZ – LOST – LOST]	
Make, made, made	– wytwarzać;
[MEJK – MEJD – MEJD]	robić
Meet, met, met	– spotykać
[MIJT – MET – MET]	
Put, put, put	– kłaść, położyć
[PUT – PUT – PUT]	
Read, read, read	– czytać
[RIJD – RED – RED]	
See, saw, seen	– widzieć
[SIJ – SO – SIJN]	
Sell, sold, sold	– sprzedawać
[SEL – SOULD – SOULD]	
Send, sent, sent	– wysłać
[SEND – SENT – SENT]	

Show, showed, shown — pokazywać
[SZOŁ – SZOŁD – SZOŁN]
Shut, shut, shut — zamykać
[SZAT – SZAT – SZAT]
Sing, sang, sung — śpiewać
[SY𝒩 – SE𝒩 – SA𝒩]
Sit, sat, sat — siedzieć
[SYT – SEET – SEET]
Sleep, slept, slept — spać
[SLIJP – SLEPT – SLEPT]
Speak, spoke, spoken — mówić
[SPIJK – SPOŁK – SPOŁken]
Stand, stood, stood — stać
[STEND – STUD – STUD]
Steal, stole, stolen — kraść
[STIJL – STOUL – STOUlen]
Swim, swam, swum — pływać
[SŁYM – SŁEM – SŁAM]
Take, took, taken — brać, wziąć
[TEJK – TUK – TEJken]
Teach, taught, taught — uczyć (kogoś)
[TIJCZ – TOT – TOT]
Understand, understood,
understood — rozumieć
[anderSTEND – anderSTUD
– anderSTUD]
Win, won, won — wygrywać,
[ŁYN – ŁAN – ŁAN]   zwyciężać
Write, wrote, written — pisać
[RAJT – ROŁT – RYten]

CZĘSTO SPOTYKANE CZASOWNIKI DWUWYRAZOWE W PRAKTYCZNYCH PRZYKŁADACH

Czasowniki dwuwyrazowe złożone są z „nazwy czynności" i jednego z „małych słówek". Właśnie to małe słówko potrafi częściowo, lub nawet zupełnie zmienić, oryginalne znaczenie czasownika.

ASK OVER

Every year I **ask** my friends **over** for the Christmas dinner.
Każdego roku zapraszam przyjaciół na obiad świąteczny.

BREAK DOWN

American cars never **break down** – or almost never!
Amerykańskie samochody nigdy się nie psują – lub prawie nigdy!

CALL OFF

We will have to **call off** the meeting.
Będziemy musieli odwołać spotkanie.

CALL BACK

I'll have him **call** you **back**.
Przypilnuję go, żeby do ciebie oddzwonił.

COOL DOWN

Just **cool down** now, okay?
Tylko uspokój się teraz, dobrze?

DO OVER

Just **do** it **over!**
*Po prostu, **zrób** to **jeszcze raz**.*

DROP BY

Why don't you **drop by** after your classes?
*Może byś **wpadł** na chwilę po zajęciach?*

DROP OFF

I will **drop off** that letter in your office.
***Zostawię** ten list w twoim biurze.*

FIGURE OUT

I just can't **figure out** that problem.
*Po prostu nie mogę **rozgryźć** tego problemu.*

FILL OUT

Fill out this application before the interview.
***Wypełnij** ten formularz przed rozmową o pracę.*

FIND OUT

Try to **find out** about their party.
*Spróbuj **dowiedzieć się** o ich przyjęciu.*

GET ALONG

I don't **get along** with my roommates very well.
*Niezbyt dobrze **zgadzam się** z moimi współmiesz-
kańcami.*

GET AWAY

Please, **get away** from me.
*Proszę, **odejdź** ode mnie.*

GET ON/OFF

Get on the bus at Milwaukee and get off at Harlem
Ave.
*Wsiądź do autobusu przy Milwaukee i wysiądź
przy alei Harlem.*

GET OUT

Just, get out of here!
Po prostu, wynoś się stąd!

GET UP

I never get up before 6 a.m.
Nigdy nie wstaję przed 6 rano.

GIVE BACK

Why don't you give it back to her?
Może byś jej to oddał?

GIVE UP

Give up smoking or quit your job!
Rzuć palenie albo zrezygnuj z pracy!
The other team didn't want to give up.
Ta druga drużyna nie chciała się poddać.

GO AHEAD

Go straight ahead, you can't miss it.
*Idź prosto przed siebie, nie możesz tego nie za-
uważyć.*

GO OUT

I like to go out on Saturday night.
Lubię wyjść na miasto w sobotę wieczorem.

HANG UP

Please, **hang up** and dial again.
*Proszę **powiesić** słuchawkę i ponownie wykręcić numer.*

HEAR FROM

I didn't **hear from** him until last year.
*Nie **miałem** od niego **wiadomości** aż do ubiegłego roku.*

KEEP UP

Keep up the good work!
Dalej rób dobrą robotę!

LET DOWN

But don't **let** me **down**.
*Ale nie **spraw** mi **zawodu**.*

LOOK FOR

Excuse me. I'm **looking for** a polka dot jacket.
*Przepraszam. **Szukam** marynarki w kropki.*

LOOK FORWARD TO

I am tired and I am **looking forward to** my vacation.
*Jestem zmęczony i **niecierpliwie czekam** na swój urlop.*

LOOK OVER

Can **look over** that contract for tomorrow?
*Czy możesz **przeglądnąć** ten kontrakt na jutro?*

MAKE UP

Make something up!
Wymyśl coś!

MESS UP

Don't mess up the deal!
Nie zmarnuj tego interesu!

MOVE IN/OUT

They'll move in when she moves out!
Oni się wprowadzą, kiedy ona się wyprowadzi!

PASS AWAY

When did he pass away?
Kiedy on zmarł?

PICK OUT

It was hard to pick out a new winter coat.
Trudno było wybrać nowy płaszcz zimowy.

PICK UP

I think we should pick up your mother at the airport.
Wydaje mi się, że powinniśmy odebrać twoją matkę z lotniska.

PUT OFF

Let's put it off until next year.
Odłóżmy to do przyszłego roku.

PUT ON

The old man put on his hat and left the building.
Starszy mężczyzna włożył swój kapelusz i wyszedł z budynku.

RUN INTO

If you **run into** him, give him my best wishes.
*Jeśli **natkniesz się** na niego, pozdrów go ode mnie.*

RUN OUT OF

We might **run out of** gas before we get home.
*Może nam **zabraknąć** benzyny zanim dotrzemy do domu.*

SHOW UP

He never **showed up**!
*On się nigdy nie **pokazał**!*

SHUT UP

Shut up and listen up!
***Zamknij się** i posłuchaj!*

STAY UP

Don't **stay up** late tonight.
*Nie **przesiadujcie** do późna dziś w nocy.*

STEP OUT

I've got to **step out** for a little while.
*Muszę **wyskoczyć** na chwileczkę.*

SWITCH ON/OFF

Switch on the light for a second and **switch off** the TV.
***Włącz** światło na sekundę i **wyłącz telewizor**.*

TAKE AWAY

Don't worry. The police will **take away** his junk tomorrow.

*Nie martw się. Jutro policja **zabierze** jego grata.*

TAKE BACK

We need to **take** these videotapes **back** to the store right now.

*Musimy **odnieść** te taśmy video do sklepu w tej chwili.*

TAKE OFF

Take off your coat and stay for a moment.

***Zdejmij** płaszcz i zostań na chwilę.*

TALK OVER

I need to **talk** it **over** with my boss.

*Muszę to **omówić** z szefem.*

THINK OVER

Take some time and **think** it **over**.

*Poświęć trochę czasu i **przemyśl** to.*

THROW AWAY

Let's not **throw away** those plastic cups.

*Nie **wyrzucajmy** tamtych plastikowych kubków.*

THROW UP

Careful! The baby is going to **throw up**!

*Uważaj! Dziecko będzie **wymiotować**.*

TURN DOWN

They shouldn't **turn down** your application.
*Oni nie powinni **odrzucić** twojego podania.*

TURN OFF

Don't forget to **turn off** all the lights!
*Nie zapomnij **zgasić** wszystkich świateł.*

TURN ON

Turn on the radio; I want to hear the news.
***Włącz** radio; chcę wysłuchać wiadomości.*

USE UP

Don't forget to **use up** the old milk before you open a new bottle.
*Nie zapomnij **zużyć** starego mleka, zanim otworzysz nową butelkę.*

WATCH OUT

Watch out for drunk drivers.
***Uważaj** na pijanych kierowców.*

WORK OUT

We have to **work out** this problem together.
*Musimy ten problem **rozwiązać** razem.*

WRITE DOWN

Remember to **write down** the directions.
*Pamiętaj, żeby **zapisać** wskazówki.*

CO POLAK POWINIEN WIEDZIEĆ O AMERYKAŃSKIEJ WYMOWIE?

1. W języku polskim, w każdej sylabie jest samogłoska, a w amerykańskiej angielszczyźnie – niekoniecznie. Na przykład nazwisko **CLINTON**, po polsku wymawia się [KLINton], a po angielsku [KLYNtn]. Zamiast samogłoski występuje tutaj [N]. Jeszcze częściej w takiej sytuacji występuje [R] lub [L] – na przykład w takich popularnych dwusylabowych słowach jak: **table** [TEJbl]; **people** [PIJpl]; **bottle** [BOtl]. Czasem w całym słowie, w wymowie, brak jest samogłoski – tak jak na przykład w **work** [ŁRK]; **church** [CZRCZ]; **first** [FRST]; **girl** [GRL]. Należy o tym pamiętać, choć w *ENGLISH FOR YOU* przyjęliśmy „kompromisowy" zapis, np. [ŁERK], [FERST], który nie „odstrasza" mniej zainteresowanych, a bardziej zaawansowanym nie przeszkadza!

2. „Słynny" spór czy amerykańskie **SURE** należy wymawiać raczej jak „szur", czy jak „siur" – rozstrzygnąć jest bardzo łatwo: najlepiej wymawiać *w pół drogi,* pomiędzy „szur" a „siur". Podobnie jest w innych słowach, gdzie występuje **SH** – takich jak **SHOES, SHORT, SHAVE,** czy **SHUT.** Należy pamiętać o tym niezależnie od tego, czy w naszym zapisie **SH** będzie zapisane jako [SZ], czy jako [SI]. (Podobnie jest z innym popularnym dźwiękiem występującym w takich wyrazach jak **JOHN, JORDAN, JUNK, INTELLIGENT**, które wymawiamy *pomiędzy* [DŻON] a [DZION], [DŻORDAN] a [DZIORdan], itp. – niezależnie od tego, który z tych dwóch zapisów występuje w *ENGLISH FOR YOU*).

3. Warto zauważyć jak różnią się niektóre

samogłoski angielskie od polskich – a zwłaszcza – jak różnią się one czasem pomiędzy sobą. Tam gdzie to jest możliwe, jest to zaznaczone w zapisie wymowy. Np.: **leave** [LIJW] – **live** [LYW]; **seat** [SIJT] – **sit** [SYT]; **man** [MEEN] – **men** [MEN]. Także dlatego, tam gdzie jest to istotne, używamy w zapisie podwójnych samogłosek, lub [IJ] – np.: **too** [TUU], **shoes** [SZUUZ]; **new** [NJUU]; **small** [SMOOL]; **teacher** [TIJczer].

4. Dźwięki zapisane jako [RZ] lub [SI] należy czytać tak jak w polskich wyrazach „ma<u>rzn</u>ąć" lub „Monte Ca<u>ss</u>ino", czy „<u>s</u>inus". Np.: **teachers** [TIJczerz], **see** [SIJ], **seat** [SIJT].

5. W wymowie angielskiej nie ma podwójnych samogłosek. Wyrazy takie jak **HOBBY, SPA-GHETTI, PIZZA** wymawiamy [HOby], [spaGEti], [PIJca]. Nawet jeśli dwie identyczne spółgłoski występują „między wyrazami", raczej nie podwajamy ich. Widać to także często w zapisie wymowy tego kursu, np.: **want to** [ŁONtu].

6. Większość wypowiedzi można zaakcentować w rozmaity sposób. W zapisie wymowy w *ENGLISH FOR YOU* proponujemy taki akcent i takie łączenie wyrazów, które wydają się najbardziej naturalne i odpowiednie w danym kontekście.

7. W wyrazach takich jak **WATER** czy **NO-BODY** występuje dźwięk [O], który w wielu odmianach amerykańskiej angielszczyzny brzmi prawie jak nieco przedłużone [A]. W tym kursie dźwięk ten jest zapisywany jako [O], aby odróżnić słowa takie jak np. **boss** [BOS] *(szef)* i **bus** [BAS] *(autobus)*; **not** [NOT] *(nie)* i **NUT** [NAT] *(orzech)*; **shot** [SZOT] *(strzał)* i **shut** [SZAT] *(zamykać)*.

8. Pewne trudności techniczne w zapisie sprawiają dźwięki występujące na początku i na końcu słowa **window** [ŁYNdoł]; zbliżone są one do polskiego dwuwargowego „ł" i pojawiają się w np.: **broken** [BROŁken]; **show** [SZOŁ]; **ours** [Ałerz]. Dźwięk ten czasami „wygląda" nienaturalnie w zapisie przy pomocy [Ł] i dlatego w niektórych przypadkach zostało użyte [U], np.: **house** [HAUS]; **sold** [SOULD]; **stolen** [STOUlen]; **O.K.** [OU KEJ].

9. W wielu odmianach amerykańskiej angielszczyzny, dźwięk [T] często staje się dźwięczny, jak np. w wyrazie **WATER** i brzmi jak [D] – [ŁOder]. Czasem przypomina wręcz polskie [R], np. w wyrazach **BEAUTIFUL** czy **CITY**. Dla jednolitości w *ENGLISH FOR YOU* zachowany jest zapis [T]. Naucz się ten dźwięk „po swojemu" wymawiać, a zapis na pewno ci nie będzie w tym przeszkadzał, (podobnie jak w języku polskim zapis słowa **JAKBY** nie przeszkadza wymawiać [K] dźwięcznie).

10. Bardzo jest ważne, aby MOCNO AKCENTOWAĆ sylaby zapisane w wymowie dużymi literami. Równie ważne jest, aby NIEWYRAŹNIE (tak!) wypowiadać sylaby pisane małymi literami w wymowie. Aby zapis wymowy nie został zbyt „udziwniony", wyrazy i połączenia takie jak **TODAY, TOMORROW, FOR YOU, FOR US, TO BE, TO LIVE** – zostały zapisane „kompromisowo" jako [tuDEJ], [tuMOroł], [forJU], [forAS], [tuBI], [tuLYW] – a faktycznie wymawia się je [t'DEJ], [t'MOroł], [frJU], [frAS], [t'BI], [t'lyw]. „Mocne" i „słabe" wypowiadanie odpowiednio zaznaczonych sylab da ci prawidłową wymowę.

11. Jak już to zostało wspomniane we wstępie, dźwięk oznaczony *ŋ lub η* wymawia się tak

jak po polsku w wyrazach **BANK, PUNKT, PING PONG, HONG KONG** – jednak bez występującego po nim w języku polskim dźwięku [K]. W angielskim, dźwięk ten najczęściej występuje w końcówce -**ING**.

12. Warto zauważyć, że Amerykanie często w pisowni, zwłaszcza w literaturze, starają się oddawać rozmaite „połączenia", „zlepki" i „redukcje", itd., chociaż na razie nie wszystkie te „nowe" wyrazy można znaleźć w oficjalnym słowniku. Dlatego zauważ, że np.: **GIMME to GIVE ME, LEMME to LET ME, KINDA to KIND OF, COUPLA to COUPLE OF, WHATTA YOU to WHAT DO YOU, OUTTA to OUT OF,** albo znane ci już **GONNA – GOING TO,** czy **WANNA – WANT TO.**

13. Amerykanie przecież też miewają kłopoty z wymową – zwłaszcza dłuższych słów. Dlatego wiele z nich skracają sobie do jednego lub dwóch sylab. A zatem *„lodówka"* – RE**FRI**GERATOR to po prostu **FRIDGE;** *„laboratorium"* – LA**BORA**TORY to **LAB;** *„mikrofon"* – **MI**CROPHONE to **MIKE;** *„kondominium"* – CONDO**MI**NIUM to **CONDO;** *„przedstawiciel"* – REPRE**SEN**TATIVE to **REP;** *„matematyka"* – MATHE**MA**TICS to **MATH;** *„zawodowiec"* – PRO**FES**SIONAL to **PRO;** *„ogłoszenie"* – AD**VER**TISEMENT to **AD,** etc. Jeśli jednak zechcesz wymówić któreś z dłuższych słów w całości, pomoże ci w tym MOCNE i PRAWIDŁOWE postawienie akcentu na właściwej (podkreślonej) sylabie.